U0721074

跳水
——空中芭蕾

盛文林/著

台海出版社

图书在版编目（CIP）数据

跳水：空中芭蕾／盛文林著. －－北京：台海
出版社，2014.7
（全民阅读体育知识读本）
ISBN 978－7－5168－0427－8

Ⅰ.①跳… Ⅱ.①盛… Ⅲ.①跳水－基本知识
Ⅳ.①G861.2

中国版本图书馆 CIP 数据核字（2014）第 174924 号

跳水：空中芭蕾

著　　者：盛文林

责任编辑：侯　玢　　　　　　装帧设计：视界创意
版式设计：林　兰　　　　　　责任印制：蔡　旭

出版发行：台海出版社
地　　址：北京市朝阳区劲松南路 1 号　邮政编码：100021
电　　话：010－64041652（发行，邮购）
传　　真：010－84045799（总编室）
网　　址：www. taimeng. org. cn/thcbs/default. htm
E － mail：thcbs@126. com

经　　销：全国各地新华书店
印　　刷：北京一鑫印务有限公司
本书如有破损、缺页、装订错误，请与本社联系调换

开　　本：655×960　　　　1/16
字　　数：130 千字　　　　　印　　张：12
版　　次：2014 年 10 月第 1 版　　印　　次：2021 年 6 月第 3 次印刷
书　　号：ISBN 978－7－5168－0427－8
定　　价：29.60 元

前　言

　　跳水是一项优美的水上运动，它是从高处以各种姿势跃入水中或是从跳水器械上起跳，在空中完成一定动作，并以特定姿态入水的运动。

　　跳水运动包括实用跳水、表演跳水和竞技跳水。跳水运动在跳水池中进行。跳水运动员从 1 米跳板；3 米跳板，或从 3 米、5 米、7．5 米和 10 米跳台跳水。跳水运动要求拥有协调性，柔韧性，平衡感等素质。

　　跳水运动在我国有着悠久的历史，据有关文献记载，早在唐朝时期就出现了类似于现代跳水运动的活动。到了宋代时期，跳水运动在我国已具有高超的技术。但竞技跳水运动在我国开始的比较晚，到上世纪 70 年代后期，我国跳水运动有了较快的发展，涌现出了一批优秀的运动选手，在国际各大跳水比赛中取得了令人瞩目的成绩。随着我国跳水事业不断发展，一代代跳水运动员在国际性的比赛中连连获得优异成绩，我国成为世界跳水"四强之首"。

　　本书从跳水的起源、发展、演变、传播等方面具体介绍了这项运动项目及跳水项目的竞赛规则、场地设施、技术、项目术语、裁判标准等知识，并为读者朋友展示了国内跳水明星们的风采，让读者朋友从中体会到他们的运动精神。

目　录

PART 1 项目起源

世界跳水运动的起源

在远古时代，地球上布满着大大小小的江河湖泊。为了生存，人类在同大自然的斗争中学会了游泳，而跳水则是伴随着游泳技能的发展而产生的。

我们至今见到历史上最早的跳水图像是一个陈列在伦敦大不列颠博物馆里的陶制花瓶。在这个公元前500年的花瓶上，描绘着几个男孩头朝下跳水的图案，从这里可以说明当时的跳水活动已经有开展，这也是跳水运动最早的见证。

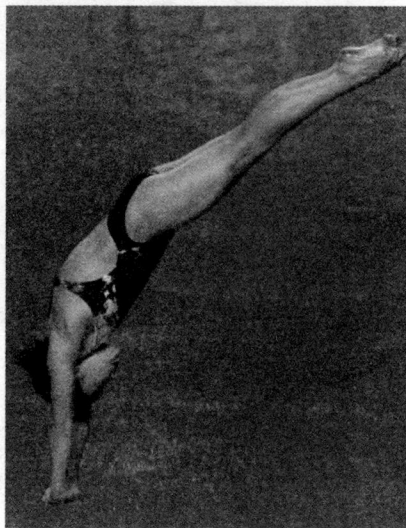

跳水运动

许多靠近大海和内河资源丰富的国家也很早就出现了跳水活动。据有关文献记载，海岛之国印度尼西亚在16世纪初，当地的渔民和采珠人，经常进行跳水活动。17世纪，在斯堪的纳维亚半岛、地中海、红海沿岸的国家，不少码头工人、海员和渔民都常在陡峭的岸边和桅杆上进行跳水运动。

随着时间的推移，跳水运动不断得到创新，技术也不断得到提高。随着跳水运动的不断演变和发展，表演跳水开始出现在人们的视野中，在欧美率先盛行，很快被人们所喜爱，越来越多的人加入到表演跳水的行列中来。

表演跳水内容丰富多彩，动作惊险优美，深受广大群众喜爱。国际上第一次正式跳水表演是在 1900 年巴黎奥运会上由瑞典运动员进行的。跳水表演与竞技跳水的主要区别在于跳水表演不属竞赛性质，没有特定动作，不受规则的限制。因此，除了在跳水池可以表演跳水外，在悬崖、码头、舰船、桥梁等处也可以表演。就其表演内容来说，除可表演竞技跳水规则中所规定的任何动作外，还可以任意发挥，增加跳水器械的高度与弹性，借以提高表演动作的难度、技巧与惊险程度。跳水表演可有单人、双人或集体表演，项目非常的丰富。

悬崖跳水

在拉丁美洲的墨西哥还有 60 米悬崖跳水的传统。随着表演跳水的技巧性和惊险性的加强，跳水动作逐渐由高度向难度转化。

现在的竞技跳水是由花式跳水演变而来的，花式跳水起源于德国，当时被德国人誉为"花样跳水之父"的 J·C·古茨穆特斯，在他 1759～1839 年所写的《有用艺术》教科书中就描述了哈雷盐场工人的跳水技术。随后，德国体操教育家 O·克鲁克于 1853～1870 年又出版了《游泳和跳水技术》一书，罗列了上百种跳水姿势，使跳水运动在德国得到了进一步发展。

现代跳水技术的高低要看跳水运动员的动作，技巧，起跳、翻腾、入水等一系列的技术来评判，而早期的跳水技术水平的高低不是以技术而是以高度来衡量的。无论什么类型的动作，都力求从更高的地方往下跳。越是高所表现出的技术水平就越高。例如 1871 年美国人卓松，曾在通往纽约的一座高达 46 米的大桥上往水里跳，由此可见当时的跳水技术已经有了一定的水平。

中国跳水运动的起源

　　跳水运动是一项力与美巧妙结合的体育项目，在中国有着悠久的历史，早在唐代我国就出现了类似于现代跳水运动的跳水活动。

　　据有关史料的记载，唐朝时期的一位跳水者，跳水技术非常的精湛，能够从百丈高的桩子上跳下，而且能够在水中回旋出没，并作出各种动作，由此可见当时我国的跳水运动已经有了相当高的水平。正如唐代赵璘的《因话录》记载：洪州（今南昌）曹赞能在"百丈樯上，不解衣投身而下，正坐水面，若在茵席"，或在水中"回旋出没，变化千状"。这可看作是我国早期的跳水运动。

　　到了宋朝，经过长时间的演变，我国跳水运动得到了快速的发展，不是仅从高处跳下这么简单的动作了。而是能够翻转着筋斗跳入水中，这种跳水运动在当时叫做"水秋千"。那时的"水秋千"类似于现代的花式跳水运动。宋代诗人王珪曾作过这样的一首诗："内人稀见水秋千，争擘珠帘帐殿前，第一锦标谁夺得？右军输却小龙船"这首诗告诉我们，在当时跳水运动不仅仅是一项爱好，而是演变成了一种竞赛活动。诗中"第一锦标谁夺得？右军输却小龙船"一句清楚的告诉我们，当时我国的跳水运动不仅水平非常的高超，而且还具有了一定的竞赛规模。虽然跳水运动在我国的起源很早，但是现代竞技跳水，是在20世纪初，随着欧美体育一起传入我国的。1949年以前的旧中国跳水运动员非常的少，寥寥无几，水平也是很低。根本无法与世界先进水平相比。但是中华人民共和国成立之后，我国跳水运动逐渐发展起来，每年都会举办多次跳水表演竞赛。这样使中国跳水很快得到发展，现在我国已经初步形成了属于我们自己的独特风格。

　　目前，我国跳水运动员不但能以较高的质量完成国际跳水竞赛规则中规定的各组高难度动作，而且成功地表演了目前国际跳水竞赛规则中还没有的难、新动作。1975年以后，中国跳水运动员分别在国内国

中国跳水

外表演了 3 米跳板的反身翻腾 1 周半转体 3 周半，10 米跳台的反身翻腾 3 周半等动作。特别是中国女运动员出色地表演了 10 米跳台向后翻腾 3 周半，曾得到世界跳水专家的赞扬。中国的跳水表演尤以双人和集体跳水的配合默契而别具一格，并创造了优美的集体烟花跳水表演。

随着跳水运动在我国的不断发展，我国跳水运动逐步强大起来，并通过几代跳水运动员的不懈努力和拼搏，为我国跳水运动奠定了"四强"之首的跳水强国地位。近年来更多优秀的年轻跳水运动员不断出现在世界的视野中，为祖国增添光彩。

PART 2 历史发展

世界跳水运动的发展

演变过程

在竞技跳水产生之前，首先在历史悠久、海岸线长、湖泊众多、水源丰富的国家出现了实用跳水。在伦敦不列颠博物馆里，陈列着一只陶制酒杯，这只酒杯是大约在公元前 500 年制成的。杯上用黑色和红色绘了一个跳水者勇敢地从船舷上跳入海中，这是目前所见到的跳水运动最古老的见证。斯堪的纳维亚半岛、地中海、红海一带的码头工人、船工、渔民等，在十七世纪就盛行从悬崖峭壁上、码头上或桅杆上跳入水中的花式跳水，而后表演跳水开始在欧美盛行。在拉丁美洲的墨西哥还有 60 米悬崖跳水的传统。随着表演跳水的技巧性和惊险性的加强，跳水动作逐渐由高度向难度转化。

发展历程

1900 年在第二届奥运会上设有专门从跳台上表演的各种跳水动作，首次进行表演的是瑞典人，由此跳水开始进入竞技时代。

1904 年第三届奥运会开始，高度跳水和跳台跳水正式成为比赛项目。

1908 年第四届奥运会制定了跳水竞赛规则，取消了高度跳水，增加了规定动作的比赛。

1912 年第五届奥运会开始，跳水比赛以跳台花式跳水和规定动作跳水两项进行，首次获得女子跳水冠军的是瑞典跳水运动员——伍哈斯松。

在 1920 年第七届奥运会以前，跳水桂冠属于德国和瑞典运动员。1920 年以后，跳水的优势逐渐转向美国，到 1976 年第二十一届奥运会为止，美国运动员一直称霸这一项目。在此期间奥运会设的跳水金牌共有 52 枚，其中美国夺取了 44 枚，成为了当之无愧的"跳水王国"。美国跳水运动员是在不断学习欧洲经验，特别是吸收德国和瑞典运动员长处的基础上，建立了难度大、动作优美、准确的技术风格的。60 年代以后，美国以铝合金跳板替代了木质跳板，使难度动作不断创新，将跳水技术推向新的高度，向着难、稳、美、准的方向发展。

欧洲跳水运动的发展时起时伏，60 年代开始进入一个新的发展时期。1960 年在第 17 届奥运会上，东德运动员克拉默赢得了跳台冠军，打破了美国跳水的霸主地位，重新显示了欧洲运动员的实力，在此后的比赛中，欧洲运动员与美国运动员展开了激烈的争夺，1968 年在第十九届奥运会上，他们各取两枚金牌。而后意大利运动员迪比亚西连续取得了三届奥运会男子跳台冠军（第十九届至第二十一届）。1972～1976 年苏联运动员瓦辛和瓦什霍夫斯卡娅又在第二十届和第二十一届奥运会上分别获得男子跳板冠军和女子跳台冠军。

目前世界跳水比赛，除奥运会以外，还有世界锦标赛（每四年举行一次，与奥运会相隔两年），第一届世界锦标赛在南斯拉夫卢布尔瓦那举行。此外还有世界杯赛（每两年举行一次，与世锦赛相隔一年）。他们统称为世界三大赛。自 80 年代中国跳水队在第二届世界跳水赛上获得三枚金牌起，中国开始进入中、美、俄、德跳水"四强"行列。

目前分类

跳水运动基本可以划分为四大类：

1. 高空跳水

高空跳水是一种十分惊险的跳水运动。运动员从很高的悬崖上或特制的超高跳台上起跳并完成空中动作后入水。在美国，有一种高空特技跳水比赛，特制的钢架跳台高48米，台面宽约70厘米。运动员自由选择比赛动作，由裁判员评分，得分多者为优胜。在墨西哥，有一种传统的悬崖跳水比赛，悬崖高达60米，下面是大海。运动员所跳动作与美国48米高空跳水相似。

高空跳水

由于高空跳水危险性较大，容易出现伤害事故，所以在世界上开展得不很普遍。

2. 竞技跳水

按照国际规则进行比赛的跳水称为竞技跳水。竞技跳水是奥运会正式竞赛项目之一，分跳板跳水和跳台跳水两类。比赛时，运动员在固定一端有弹性的跳板上起跳完成跳水动作称跳板跳水（跳板跳水面的高度规定为1米和3米）。运动员在平直固定的跳台上起跳完成跳水动作称跳台跳水（跳台距水面的高度规定为5米、7.5米和10米）。比赛分男女组，有立定和跑动两种起跳方式，向前、向后、反身和向内4个起跳方位和向前跳水、向后跳水、反身跳水、向内跳水、转体跳水和臂立跳水6个组别的跳水动作。如图示所示。这些组别的动作由难度系数限制的自选动作和无难度系数限制的自选动作组成。比赛时，整套动作各包括一定数量的有难度系数限制的动作和无难度系数限制的动作。按完成动作的质量和动作难度评分。以运动员实际得分的总和决定名次。

跳台跳水：在坚硬无弹性的平台上进行。跳台距水面高度分为5米、7.5米和10米3种，奥运会、世界锦标赛、世界杯赛限用10米跳台。跳台跳水根据起跳方向和动作结构分向前、向后、向内、反身、转体和臂立6组。比赛时，男子要完成4个有难度系数限制的自选动作和6个无难度系数限制的自选动作；女子要完成4个有难度系

竞技跳水

数限制的自选动作和 4 个无难度系数限制的自选动作。每个动作的最高得分为 10 分，以全部动作完成后的得分总和评定成绩，总分高者名次列前。男、女跳台跳水分别于 1904 年和 1912 年被列为奥运会比赛项目。

跳板跳水：在一端固定，另一端有弹性的板上进行，跳板离水面的高度有 1 米和 3 米两种。跳板跳水根据起跳方向和动作结构分向前、向后、向内、反身和转体 5 组。比赛时，男子要完成 5 个有难度系数限制的自选动作和 6 个无难度系数限制的自选动作；女子要完成 5 个有难度系数限制的自选动作和 5 个无难度系数限制的自选动作。每个动作的最高得分为 10 分，以全部动作完成后的得分总和评定名次，总分高者名次列前。男、女跳板跳水分别于 1908 年和 1920 年被列为奥运会比赛项目。

双人跳水：两名运动员同时从跳板或跳台起跳完成跳水动作，又称双人同步跳水。分双人跳水个人和双人跳水团体两类比赛项目。双人跳水个人比赛包括 5 轮不同的动作，其中 2 轮动作的平均难度系数为 2.0，其余 3 轮动作无难度系数限制。在 5 轮动作中，至少有 1 轮动作是 2 人同时向前起跳，1 轮动作是 2 人同时向后起跳，1 轮动作是 1 个人向前起跳和 1 个人向后起跳的组合动作。双人跳水团体比赛包括 8 轮动作，4 轮跳板跳水，其中 2 轮难度系数为 2.0，另外二轮为无难度限制系数；4 轮跳台跳水，其中 2 轮难度系数为 2.0，另外 2 轮为无难度限制系数。在跳板、跳台的各 4 轮比赛中，至少有 1 轮动作是 2 人同时向前起跳，1 轮动作是 2 人同时向后起跳，1 轮动作是 1 个人向前起跳和 1 个人向后起跳的组合动作。

跳台跳水

从 2000 年第 27 届奥运会起被列为比赛项目，设男子 3 米跳板双人跳水、10 米跳台双人跳水；女子 3 米跳板双人跳水、10 米跳台双人跳水 4 个项目，共 8 个队参加比赛。2000 年世界杯跳水赛双人跳水的前七名获得参赛资格，东道国澳大利亚队获得参赛资格，如果已经获得参赛资格的队不参加奥运会，则由下一个名次替补。

3. 教学跳水

是以教学为目的的一种非竞技性项目。即竞技性跳水的基本动作不受规则限制。内容有倒下、跳下、滚翻和其它辅助练习。一般在池边进行，也可在跳板、跳台上练习，有条件还可在陆上弹跳网上进行练习。

4. 实用跳水

跳水运动之一。以生产、安全和军事为目的的非竞技性跳水。包括徒手的定点跳水、远度跳水、高度跳水、着装跳水等，常见的姿势有远跳浅入式、直

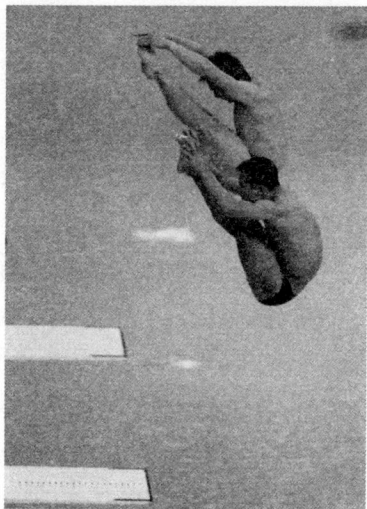

男子双人跳板

跳直落式（俗称"插蜡烛"），以及救生中的劈腿跳式（有左右、前后两种），此外还有团身跳和军事活动中的徒手或持械武装跳水等。

5. 表演跳水

表演跳水由实用跳水、教学跳水发展而成。1978 年在第八届亚运会上，中国运动员孔政率先表演了翻身腾三周半的高难动作（被列入 1981 ~ 1984 年国际游泳规则）

表演跳水是在 1900 年巴黎奥运会上由瑞典运动员首次进行表演的。中国宋代的宫廷百戏"水秋千"也属于此类。但现在的跳水表演已经是技高一筹，它具有动作惊险、内容丰富、不受规则和场地限制等特点，且富有娱乐性和趣味性。

表演跳水又分为集体、特技和滑稽跳水三类，其中滑稽跳水是把跳水技术与哑剧小品巧妙结合起来的一种表演形式。表演之前，先确定滑稽跳水的主题和名称，设计简短的剧情和解说词，并事先进行演练。解说员诙谐的解说常常使精彩的跳水表演锦上添花。通过解说词的暗示，还起到指挥表演的作用。滑稽跳水的内容比较丰富，而且没有固定的模式。表演者可根据自己的技术特长随意设计。常见的滑稽跳水有"打扫跳板"、"快乐的情侣"、"钓鱼迷"、"即兴滑稽表演"等。

跳水动作

跳水动作分类

跳水运动的动作有很多，按难度分有规定与自选两种，即规定动作和自选动作。

规定动作即有难度限制的动作，完成起来相对容易，观赏性不强，通常就是半周或是一周半之类的动作，难度系数一般不超过2.2，在比赛中一般跳4到5轮，总难度系数不超过7.6。

自选动作是没有难度限制的动作，观赏性很强，在 A、B、C、D 四种动作中，随着翻腾半径的减小难度依次递减，也就是说，在翻腾周数相同的情况下，从 A 到 D 的难度是递减的。相同的动作，从跳台上搬到跳板上，难度也是要增加的，增加0.1到0.2不等。

经典自选动作

109C（向前翻腾四周半抱膝），难度系数3.5（跳台）。这是在1组动作中最难的了，因为是四周半，所以已经达到极限了。这个动作我国著名跳水运动员吴飞龙曾经做过，而且得到了良好的成绩。

207B（向后翻腾三周半屈体），难度系数3.6（跳台）。这个动作是到目前为止难度最高的动作之一。这个动作完成得最好的是我国的著名跳水运动员田亮。2000年悉尼奥运会上，田亮凭借这一动作，获得跳水运动奥运史上最高分。

307C（向后翻腾三周半抱膝），在跳台上的难度系数是3.4，在3米跳台上的难度系数是3.5。这个动作曾是我国著名跳水运动员孙淑伟的特长，他曾在1990年亚运会和1992年巴塞罗那奥运会上得到了99.96的好成绩（满分为102，每个动作的分是不同的），创造了当时历史上的最高分。这个动作美国运动员伦奇做到最完美，在1992年奥运会上，他凭借这一动作，获得了冠军。

407C（向内翻腾三周半抱膝），跳台难度3.2，3米跳板难度为3.4。这个动作做到最好是我国著名跳水运动员熊倪。2000奥奥运会上他凭借这一动作，赢得了比赛的冠军。

5239D（向后翻腾一周半转体四周半），难度系数 3.6（跳台），这个动作唯有德国的运动员海姆·佩尔，能做而且做得最出色，在 1996 年亚特兰大奥运会上，他凭借这一高难度动作，获得了比赛的亚军。

5237D（向后翻腾一周半转体三周半），难度系数 3.5（1 米跳板），这个动作放在跳台或者是 3 米跳板上，并不是一个很出众的动作，但是在 1 米板上做，就有了一定的难度。这个动作只有我国跳水运动员王天凌能做到。但是因为 1 米跳板不是奥运会项目，所以影响不是很大。

626B（臂立向后翻腾三周屈体）难度系数 3.5（跳台），这一动作是倒立动作中最难的一个，我国的田亮、李成伟都做过这样的动作。

跳水动作代号

每组跳水动作都有自己的号码，以表示动作组别和翻腾转体的周数。跳水运动共有 6 个组别和 4 种样式。

6 个组分别是：向前，向后，反身，向内，臂力和转体。

1～4 组动作的号码均采用 3 位数。第一个数代表动作组别；第二个数代表飞身动作（如果第二位数是"0"，则表示没有飞身动作）第三个数代表翻腾周数（以"1"为半周，"2"为一周，"3"为一周半，以此类推）。例如"201"，表示第二组动作：向后跳水翻转半周；"305"，表示第三组动作：反身翻腾两周半；"113"，表示向前飞身翻腾一周半。

第 5 组转体动作采用 4 位数。第一位数表示第 5 组（特指转体跳水）；第二位数表示翻腾的方向；第三位数表示翻腾周数；第四位数表示转体周数，计算方法同前。例如："5136"这个动作中，"5"表示第 5 组转体跳水，"1"表示用第 1 组向前跳水的方向完成翻腾转体，"3"表示翻腾一周半，"6"表示转体三周。再如"5337"这个动作，是指第 5 组转体动作，采用第 3 组反身跳水方向完成翻腾转体，翻腾一周半，转体三周半。

第 6 组臂立动作也采用 3 位数。第一位数表示第 6 组（特指臂立跳水）；第二位数表示臂立跳水的方向；第三位数表示翻腾周数（计算方法同上）。例如"614"动作中"6"表示第 6 组臂立跳水，"1"表示采用第一组向前跳水方向翻腾，"4"表示翻腾两周。再如"632"，是指第 6 组的臂立跳水动作，用反身跳水方向翻腾一周。

4 种样式分别是：直体，屈体，抱膝和转体。难度依次递减。用代号表示分别是 A，B，C，D。放在代号的最后一位。

例如：

107B 代表向前翻腾三周半屈体。

207C 代表向后翻腾三周半抱膝

301A 代表反身翻腾半周直体

405B 代表向内翻腾两周半屈体

5237D 表示向后翻腾一周半转体三周半。当有转体动作的时候代号第一位是 5 表示转体，第二位则是表示方向，也就是组别。第三位是翻腾周数，第四位是转体周数，这是与上面 4 组动作不同的。

614C 表示臂力向前翻腾两周抱膝。6 表示臂力，1 表示方向，4 表示周数，这也是不同的地方。

在 1998 年之前，只有转体三周半与翻腾一周半连接，例如上面提到的 5237D。而现在多为转体两周与翻腾两周半连接，因而增大了难度和观赏性。而这种动作的代号和以上又有不同，最后一位就不用 D 表示了，而用 B 来表示，例如 5254B，表示向后翻腾两周半转体两周。

动作姿势

跳水动作的姿势：可分为直体（用"甲"表示）、屈体（用"乙"表示）、抱膝（用"丙"表示）、翻腾兼转体的任意姿势（用"丁"表示）4 种，在国际跳水规则中分别用英文字母 A、B、C、D 来表示。

动作难度系数

动作难度系数是表明运动员完成动作的难易程度。国际跳水竞赛规则为每一个跳水动作确定了相应的难度系数，它根据动作组别，竞赛项目（跳板，跳台）器械高度，动作姿势和翻腾转体的周数等方面的差异来确定其数值。运动员跳水时，动作简单，难度系数就低；动作复杂，难度系数就高。例如：3 米板 103 乙，难度系数为 1.6。10 米台 307 丙，难度系数为 3.4。对于同一动作，因器械高度不同，难度系数也有区别。例如同是 405 丙，1 米板的难度系数为 3.0，3 米板的难度系数为 2.7。目前，国际跳水竞赛规则难度表上列出的最高难度动作是：3 米板 109 丙和 307 丙及 10 米台 109 丙，难度系数均为 3.5。

国际游联跳水难度系数表

跳台		10 米				7.5 米				5 米			
		直体	屈体	抱膝	任选	直体	屈体	抱膝	任选	直体	屈体	抱膝	任选
	向前组	A	B	C	D	A	B	C	D	A	B	C	D
101	向前动作	1.6	1.5	1.4		1.6	1.5	1.4		1.4	1.3	1.2	
102	向前翻腾	1.8	1.7	1.6		1.8	1.6	1.5		1.6	1.5	1.4	
103	向前翻腾 1 周半	1.9	1.6	1.5		1.9	1.6	1.5		2.0	1.7	1.6	
104	向前翻腾 2 周	2.5	2.2	2.1			2.1	2.0			2.3	2.2	
105	向前翻腾 2 周半		2.3	2.1			2.4	2.2			2.6	2.4	
107	向前翻腾 3 周半		3.0	2.7				2.8				3.0	
109	向前翻腾 4 周半			3.5									
112	向前飞身翻腾		1.9	1.8			1.8	1.7			1.7	1.6	
113	向前飞身翻腾 1 周半		1.8	1.7			1.8	1.7			1.9	1.8	
114	向前飞身翻转 2 周			2.3				2.2					
115	向前飞身翻腾 2 周半		2.6	2.4				2.5					
	向后组	A	B	C	D	A	B	C	D	A	B	C	D
201	向后动作	1.9	1.8	1.7		1.9	1.8	1.7		1.7	1.6	1.5	
202	向后翻腾	1.9	1.8	1.7		1.8	1.7	1.6		1.7	1.6	1.5	
203	向后翻腾 1 周半	2.4	2.2	1.9		2.4	2.2	1.9		2.5	2.3	2.0	
204	向后翻腾 2 周	2.6	2.4	2.1		2.5	2.3	2.0			2.5	2.2	
205	向后翻腾 2 周半	3.3	2.9	2.7			3.0	2.8				3.0	
207	向后翻腾 3 周半			3.3				3.4					
212	向后飞身翻腾		1.9	1.8			1.8	1.7			1.7	1.6	
213	向后飞身翻腾 1 周半			2.1				2.1					
	反身组	A	B	C	D	A	B	C	D	A	B	C	D
301	反身动作	2.0	1.9	1.8		2.0	1.9	1.8		1.8	1.7	1.6	
302	反身翻腾	2.0	1.9	1.8		1.9	1.8	1.7		1.8	1.7	1.6	
303	反身翻腾 1 周半	2.6	2.3	2.0		2.6	2.3	2.0		2.7	2.4	2.1	

跳台	10 米				7.5 米				5 米			
	直体	屈体	抱膝	任选	直体	屈体	抱膝	任选	直体	屈体	抱膝	任选
反身组	A	B	C	D	A	B	C	D	A	B	C	D
304 反身翻腾 2 周		2.5	2.2			2.4	2.1			2.6	2.3	
305 反身翻腾 2 周半		2.9	2.7			3.0	2.8				3.0	
307 反身翻腾 3 周半			3.4									
312 反身飞身翻腾			1.9				1.8			1.8	1.7	
303 反身飞身翻腾 1 周半			2.2				2.2					
向内组	A	B	C	D	A	B	C	D	A	B	C	D
401 向内动作	1.7	1.4	1.3		1.7	1.4	1.3		1.8	1.5	1.4	
402 向内翻腾		1.6	1.5			1.5	1.4			1.7	1.6	
403 向内翻腾 1 周半		2.0	1.8			2.1	1.9			2.4	2.2	
404 向内翻腾 2 周		2.6	2.4			2.6	2.4				2.8	
405 向内翻腾 2 周半		2.8	2.5			3.0	2.7				3.1	
407 向内翻腾 3 周半		3.5	3.2				3.4					
412 向内飞身翻腾		2.0	1.9			1.9	1.8				2.0	
413 向内飞身翻腾 1 周半		2.5	2.3				2.4					
转体组	A	B	C	D	A	B	C	D	A	B	C	D
5111 向前作转体半周	2.0	1.9			2.0	1.9			1.8	1.7		
5112 向前动作转体 1 周	2.2	2.1			2.2	2.1			2.0	1.9		
5121 向前翻腾转体半周					2.0	1.9			1.9	1.8		1.7
5122 向前翻腾转体 1 周												1.7
5124 向前翻腾转体 2 周												2.3
5131 向前翻腾 1 周半转体半周										2.1	2.0	
5132 向前翻腾 1 周半转体 1 周				2.1				2.1				2.2
5134 向前翻腾 1 周半转体 2 周				2.5				2.5				2.6
5136 向前翻腾 1 周半转体 3 周				2.9				2.9				
5138 向前翻腾 1 周半转体 4 周				3.3				3.3				

跳台	10 米				7.5 米				5 米			
	直体	屈体	抱膝	任选	直体	屈体	抱膝	任选	直体	屈体	抱膝	任选
转体组	A	B	C	D	A	B	C	D	A	B	C	D
5152 向前翻腾 2 周半转体 1 周				2.7								
5154 向前翻腾 2 周半转体 2 周				3.1				3.2				
5172 向前翻腾 3 周半转体 1 周												3.4
5211 向后动作转体半周	2.0			2.0				1.8				
5212 向后动作转体 1 周	2.2			2.2				2.0				
5221 向后翻腾转体半周												1.7
5222 向后翻腾转体 1 周												1.9
5223 向后翻腾转体 1 周半												2.3
5225 向后翻腾转体 2 周半												2.7
5231 向后翻腾 1 周半转体半周				2.0				2.0				2.1
5233 向后翻腾 1 周半转体 1 周半				2.4				2.4				2.5
5235 向后翻腾 1 周半转体 2 周半				2.8				2.8				
5237 向后翻腾 1 周半转体 3 周半				3.2								
5239 向后翻腾 1 周半转体 4 周半				3.6								
5251 向后翻腾 2 周半转体半周				2.6				2.7				
5311 反身动作转体半周	2.1				2.1				2.1			
5312 反身动作转体 1 周	2.3				2.3				2.1			
5321 反身翻腾转体半周												1.8
5322 反身翻腾转体 1 周												2.0
5323 反身翻腾转体 1 周半												2.4
5325 反身翻腾转体 2 周半												2.8
5331 反身翻腾 1 周半转体半周				2.1				2.1				2.2

跳台		10 米				7.5 米				5 米			
		直体	屈体	抱膝	任选	直体	屈体	抱膝	任选	直体	屈体	抱膝	任选
转体组		A	B	C	D	A	B	C	D	A	B	C	D
5333	反身翻腾 1 周半转体 1 周半				2.5				2.5			2.6	
5335	反身翻腾一周半转体 2 周半				2.9				2.9				
5337	反身翻腾 1 周半转体半周				3.3								
5351	反身翻腾 2 周半转体半周				2.6								
5411	向内动作转体半周	1.9	1.6			1.9	1.6			2.0	1.7		
5412	向内动作转体 1 周	2.1	1.8			2.1	1.8			2.2	1.9		
5421	向内翻腾转体半周		1.7	1.6			1.6	1.5			1.6	1.7	
5422	向内翻腾转体 1 周												
5432	向内翻腾 1 周半转体 1 周				2.3				2.4				2.1
5434	向内翻腾 1 周半转体 2 周				2.7								
臂力组		A	B	C	D	A	B	C	D	A	B	C	D
600	臂立动作	1.6				1.6				1.5			
611	臂立向前翻腾半周	2.0				2.0				1.8			
612	臂立向前翻腾 1 周	2.0	1.9	1.7		1.9	1.8	1.6		1.8	1.7	1.5	
614	臂立向前翻腾 2 周		2.4	2.1			2.3	2.0				2.2	
616	臂立向前翻腾 3 周		3.1	2.8									
621	臂立向后翻腾半周	1.9	1.8			1.9	1.8			1.7	1.6		
622	臂立向后翻腾 1 周	2.3	2.2	2.0		2.2	2.1	1.9		2.1	2.0	1.8	
623	臂立向后翻腾 1 周半		2.2	1.9			2.2	1.9			2.3	2.0	
624	臂立向后翻腾 2 周		2.8	2.5			2.7	2.4					
631	臂立切入	1.9	1.8	1.6		1.9	1.8	1.6			1.6	1.4	
632	臂立切入反身动作		2.3	2.1			2.2	2.0				1.9	
633	臂立切入反身翻腾			2.0				2.0				2.1	
634	臂立切入反身翻腾 1 周半			2.6				2.5					

跳台		10 米				7.5 米				5 米			
		直体	屈体	抱膝	任选	直体	屈体	抱膝	任选	直体	屈体	抱膝	任选
臂力组		A	B	C	D	A	B	C	D	A	B	C	D
636	臂立切入反身翻腾2周半			3.2									
6122	臂立向前翻腾转体1周				2.2			2	2.1				2.0
6124	臂立向前翻腾转体2周				2.6								
6142	臂立向前翻腾2周转体2周				2.7								
6221	臂立向后翻腾状体半周				1.7			1.7					1.6
6241	臂立向后翻腾2周转体半周				2.5								
6243	臂立向后翻腾2周转体1周半				2.9								

发展趋势

目前，世界跳水运动朝着难、稳、美的趋势发展。在世界跳水比赛中，跳水动作已经不局限在造型优美、平稳准确。运动员只有掌握稳定的高难度动作和高超的入水压水花技巧，才能在比赛中取胜。许多国家已经应用解剖学、生理学、生物力学、心理学等科学理论的研究来指导跳水训练。也有些国家已经开始应用电子计算机来研究跳水运动技术。运动训练器械的研制和改进，也非常有利于运动员安全地学习和掌握高难度动作。通过这些现代化的训练方法和手段，可以促进运动员的身体素质和跳水技术水平得到迅速提高。由此可见，今后的世界跳水比赛将竞争的更

女子双人跳水

加激烈。

中国跳水运动的发展

演变过程

我国跳水运动有着悠久的历史。据有关史料记载，早在唐代时期我国就有了跳水活动。当时的跳水行家曹赞能在"百丈桩上，不解衣投身而下……"；到了宋代，我国的跳水技术已经处在了一个很高超的水平，在南宋孟元老《东京梦华录》中记载："……又一人上蹴秋千，将平架，筋斗掷身入水，谓之'水秋千'。"诗中的"水秋千"就是花式跳水，文中所提到的"筋斗"动作与现代跳水的翻腾动作有很高的相似度。"内人稀见水秋千，争擘珠帘帐殿前，第一锦标谁夺得？右军输却小龙船"，这是宋朝诗人王珪作的一首反映当时跳水活动的诗，诗中描述了争夺"锦标"的跳水竞赛活动，可见当时的跳水活动不仅水平较高，而且还具有一定的规模。

随着历史的不断发展和跳水运动的不断演变，20 世纪初，跳水这项运动随着欧美体育一道传入中国，并随之发展强大起来，通过不断的努力和拼搏，继而成为了雄踞"四强"之首的跳水强国。

发展历程

旧中国跳水运动非常落后，1930 年第四届全国运动会才开始设有跳水比赛，但仅限男子参加。1935 年虽开始增设女子项目，但也仅有两名女子参加。

新中国成立以后，跳水事业进入一个新时期。在"发展体育运动，增强人民体质"的方针指引下，兴建了跳水池场，建立了青少年业余体校。1952 年首次举行全国跳水比赛，有 17 名运动员参加比赛，其中女子运动员有 3 人，随着竞赛制度的建立和完善，自 1954 年开始，每年都举行全国跳水比赛，动作难度也不断发展，从开始的翻腾一周半，发展到 1959 年的翻腾三周半。在 1959 年第一届全运会上，不少运动员甘当铺路石，争闯难度做先锋。

改革创新

我国的跳水运动虽然起步较晚，但是发展很快。近年来我国的跳水运动员冲出亚洲，走向世界，在一系列重大的世界性比赛中取得了优异成绩。

从 60 年代开始，我国跳水在不断

周继红

改革器械，兴建场馆的基础上，学习国外先进经验，开创了称雄亚洲的新局面。

1974 年 9 月在伊朗首都德黑兰举行的第七届亚运会跳水比赛中，中国队囊括了全部金牌、两枚银牌和两枚铜牌。

1978 年在第八届亚运会上，又囊括了全部跳水项目的金牌。

1979 年中国跳水队首次出征世界大学生运动会，年仅 16 岁的陈肖霞以优美的动作战胜了获得世界女子跳台冠军的苏联运动员卡列尼娜。

1979 年国际奥委会恢复了中国奥委会的合法席位。1980 年开始，中国跳水队参加了一系列国际跳水大赛，硕果累累。

1981 年在第二届世界杯赛中，陈肖霞、史美琴、李宏平分别获得女子跳台、女子跳板、男子跳板 3 枚金牌，使中国跳水运动迈进了世界先进行列。

70 年代开始，中国跳水队提出了"走在世界难度表前面"的口号，取得了可喜的成绩。在备战第二十三届奥运会时，中国跳水队抓住发展难度的优势，突出我国运动员翻腾速度好、压水花技术质量高的特点，结果，周继红以优异成绩获得该届奥运会女子跳台的第一枚奥运金牌。随后中国跳水运动员在世界大赛中又连连夺冠，被誉为世界跳水"四强"之一。

高敏

在第二十四届和第二十五届奥运会上，我国跳水女皇高敏又接连夺魁，因而又被体坛称为跳水的"高敏时代"。在第二十六届奥运会上，除中国跳水双料冠军伏明霞的战果更加突出之外，中国跳水队还获得了该项目所设金牌数的75%。从而雄踞"四强"之首。

随着近年来我国跳水事业的不断发展和大批优秀跳水运动员的不断涌现，我国跳水运动更是处在了世界领先的地位。

PART 3 竞赛规则

竞赛总则

1. 所有国际跳水比赛包括世界锦标赛、洲际比赛、国际泳联所举办的一切比赛以及国内比赛都应遵守本规则。

2. 在奥运会和世界锦标赛中，国际泳联管理委员会应委派跳水技术委员会主席或其代理人负责安排最佳训练条件并指导比赛。

3. 跳板、跳台和所有的跳水设备，应根据本规则要求，在比赛前经国际泳联代表和国际跳水委员会成员或我国的游泳协会批准。

4. 在比赛前八天应向参加比赛的运动员提供一切场地及器材。比赛场地应设有运动员及技术人员席位，该位置能够清楚地观看训练及比赛。

5. 预赛中由抽签决定运动员比赛顺序，决赛顺序则按预赛名次颠倒排列。抽签必须当众举行，抽签的地点和时间应在比赛的通知中说明。

6. 在一次跳水比赛中，如果动作总数过多，可按动作分成若干场次，以使每个场次中所要完成的动作总数不超过 210 个。

7. 所有运动员必须依次完成每一轮比赛所跳的动作。

8. 整理所有动作的得分，并以此来确定名次。

项目要求

1. 跳水比赛可进行预赛和决赛，在预赛中获得前 12 名的运动员再参加决赛。参加决赛的运动员要在预赛结束 1 小时内提出新的动作表。

2. 在比赛中如果出现了并列第 12 名，并列者也有资格参加决赛。在决赛中取得分数最高的运动员为冠军。在奥运会和世界锦标赛上都进行预赛和决赛。

3. 女子 1 米跳板预、决赛

（1）在跳水比赛项目中，女子的 1 米板预赛包括 6 个不同的动作，其巾 3 个选自不同的动作组别，难度系数总和不超过 5.7 和 3 个无难度系数限制的自选动作。其中一个选自第一或第四组，一个选自第二或第三组。另一个选自第五组。所有 5 个组应该都使用到。

（2）女子 1 米板的决赛包括 5 个，都选自不同的组别的无难度系数限制的自选动作。决赛应该按照邀请赛规程的要求完成。

4. 男子 1 米跳板预、决赛

（1）男子的 1 米跳板预赛包括 7 个不同动作。其中的 3 个动作从不同组别中选出的有难度系数限制的自选动作。这 3 个动作的难度系数总和不超过 5.7 和 4 个无难度系数限制的自选动作，其中一个选自第一或第四组，一个选自第二或第三组，另一个选自第五组。所有 5 个组别都应使用到。

（2）男子的 1 米板决赛包括 6 个没有难度系数限制的自选动作，5 个组别都应使用到。决赛应按邀请赛规程的要求完成。

5. 女子 3 米跳板预、决赛

（1）女子的 3 米板预赛包括了 6 个不同的动作。其中 3 个动作是从不同组别中选出的有难度系数限制的自选动作，3 个动作的难度系数总和不超过 5.8 和 3 个无难度系数限制的自选动作，其中一个选自第一或第四组，一个选自第二或第三组，另一个选自第五组，所有 5 个组别都应使用到。

（2）女子 3 米板决赛包括 10 个不同的动作。其中 5 个是从不同组别中选出的有难度系数限制的自选动作，其难度系数总和不超过 9.5 和 5 个从不同组别中选出的无难度系数限制的自选动作。

6. 男子 3 米跳板预、决赛

（1）男子 3 米跳板的预赛包括 7 个不同的动作。其中 3 个从不同组别中选出的有难度系数限制的自选动作。其难度系数总和不超过 5.8 和 4 个无难度系数限制的自选动作，其中一个选自第一或第四组，一个选自第二组或第三组，另一个选自第五组。所有 5 个组别都应使用到。

（2）男子跳板决赛包括 11 个不同的动作。其中 5 个从不同组别中选出的有难度系数限制的自选动作，其难度系数总和不超过 9.5 和 6 个无难度系数限制的自选动作，其中 5 个选自不同组别，另一个可选自任何组别。

7. 女子跳台预、决赛

（1）女子跳台预赛包括 6 个不同的动作，其中 3 个从不同组别中选出的有难度系数限制的自选动作，其难度系数总和不超过 6.1 和 3 个从不同组别中选出的没有难度系数限制的自选动作。这些动作至少要使用 4 个组别。

（2）女子跳台的决赛包括 8 个不同的动作。其中有 4 个是从不同组别选出的有难度系数限制的自选动作，4 个动作的难度系数总和不超过 7.6 和 4 个不同组别选出的无难度系数限制的自选动作。这些动作至少得使用 5 个组别。

8. 男子跳台预、决赛

（1）男子跳台预赛包括了 7 个不同的动作。其中 3 个动作是从不同组别选出的有难度系数限制的自选动作，其难度系数总和不超过 6.1 和 4 个无难度系数限制的自选动作，其中一个选自第一或第四组，一个选自第二或第三组，一个选自第五组，另一个选自第六组。这些动作至少得使用 5 个组别。

（2）男子跳台决赛包括 10 个不同的动作。其中 4 个动作从不同组别中选出的有难度系数限制的自选动作，其难度系数总和不超过 7.6 和

6个从不同组别中选出的无难度系数限制的自选动作。

动作可以在5米，7.5米或10米跳台上完成。在奥运会、世界锦标赛和世界杯赛上，必须在10米台上完成。

9. 双人跳水

（1）双人跳水是由两名运动员同时从跳板或跳台起跳进行的比赛。比赛主要看双人跳水的一致性和各自完成动作的好坏。而且规定双人跳水的两名运动员必须来自同一协会，双人跳水比赛包括5轮不同动作。其中两轮动作的平均难度系数为2.0，其它的三轮动作没有难度系数的限制。在5轮动作中，至少有一轮动作是两个同时向前起跑；至少有一轮动作是两人同时向后起跳；至少有一轮动作是一个向前起跳和一个向后起跳的组合。在同一个高度上不可以重复相同的动作。每一对动作的难度系数是两人动作难度系数的平均数。它是把每一动作的难度系数相加除以2，并把所得的值调整为整数。

例如：有18对以上参加比赛，比赛分预赛和决赛。预赛必须由两轮难度系数为2.0的动作和另外一轮无难度系数限制的动作组成；前12名参加决赛。决赛时，完成剩下的两轮无难度系数限制的自选动作。预赛和决赛成绩总和最高的一对为冠军。

（2）双人组合跳水的团体赛，必须包括8轮动作，4轮3米跳板比赛，其中2轮的难度系数为2.0，另外2轮动作无难度系数限制；4轮跳台比赛，其中两轮的难度系数为2.0，另外2轮无难度系数限制。一个协会可选派2名以上队员参加此团体比赛。在跳板、跳台的4轮动作中，至少有一轮动作是两人同时向前起跳；至少有一轮动作是两人同时向后起跳；至少有一轮动作是向前起跳和向后起跳的组合。

赛制划分

（1）在奥运会，世锦赛的3米跳板和10米跳台比赛中均采用预赛、半决赛和决赛。

（2）预赛中的前 18 名运动员进入半决赛，预赛成绩与半决赛成绩相加后的 12 名运动员进入决赛。

（3）如有运动员不能参加半决赛或者决赛时，为了保证有 18 名运动员参加半决赛或 12 名运动员参加决赛，预赛或半决赛中的下一名次运动员递补进入半决赛或决赛。

（4）在预赛中出现并列第 18 名或在半决赛中出现并列第 12 名时，名次并列的运动员均能参加半决赛或决赛。

（5）3 米跳板和跳台的比赛成绩按下列办法确定：①决赛运动员的成绩，按半决赛有难度系数限制动作的得分加上决赛得分之和，最高者为优胜。②进入半决赛但未能参加半决赛的运动员，其成绩为预赛的得分加上半决赛得分之和。③其余运动员的成绩按照预赛的得分排列。

比赛方法

1. 跳板比赛动作可在 1 米或 3 米板上完成，跳台比赛动作可在 5 米、7.5 米或 10 米跳台完成，但在奥运会、世界锦标赛和国际泳联世界锦标赛中，只限在 10 米跳台完成。

2. 奥运会、世界锦标赛和重大跳水比赛均须进行预、决赛。

3. 预赛必须包括全套动作：

（1）女子跳板比赛包括 10 个不同的动作，其中 5 个从不同组别中选出的有难度系数限制的自选动作，其难度系数总和不得超过 9.5，5 个从不同组别中选出的无难度系数限制的自选动作。

（2）男子跳板比赛包括 11 个不同的动作，其中 5 个从不同组别中选出的有难度系数限制的自选动作，其难度系数总和不得超过 9.5，6 个无难度系数限制的自选动作，其中 5 个动作选自不同组别，另一个动作则可选自任何组别。

（3）女子跳台比赛包括 8 个不同动作，其中 4 个从不同组别中选出的有难度系数限制的自选动作，其难度系数总和不得超过 7.6，4 个从不同组别中选出的无难度系数限制的自选动作。

（4）男子跳台比赛包括 10 个不同动作，其中 4 个从不同组别中选出的有难度系数限制的自选动作，其难度系数总和不得超过 7.6，6 个从不同组别中选出的无难度系数限制的自选动作。

4. 预赛中获得前 12 名的运动员参加决赛，如运动员在预赛结束后 1 小时之后尚未提出新的动作来，则应在决赛中以同样顺序重复跳同样动作。运动员因意外情况不能参加决赛时，为了保证 12 人参加决赛，可从预赛中获下一名次的运动员补上，如第 12 名有并列者，则均有资格参加决赛。

5. 决赛中总分最高者为优胜。

PART 4 场地设施

跳水池

跳水池为跳水运动设施。与游泳池相仿，专供跳水训练、比赛、表演用的水池，国际跳水规则对各种高度的跳板和跳台的相应池深有具体要求：

（1）高 1 米的跳板，水深为 3.04 米至 3.80 米；高 3 米的跳板，水深为 3.70 米至 4.00 米；高 5 米的跳台，水深为 3.80 至 4.00 米；高 7.5 米的跳台，水深为 4.00 米至 4.50 米；高 10 米的跳台，水深为 4.50 米至 5.00 米。

（2）跳水池有使水面波动的装置，以便运动员能明显看到水面。

（3）跳台平面与水面的距离误差不超过 10 厘米。

（4）距离水面 1 米高的平面照度至少是 50 勒克司。

（5）使用自然光源或人工光源尽可能有控制装置，以免刺眼。国际跳水比赛要求跳水池的水温必须控制在 26℃。

跳台

根据台面距离水面的高度分为：

（1）5 米跳台：宽 1.50 米，长 6 米，向池伸进距离可为 1.25 米。

（2）7.25 米跳台：宽 1.50 米，长 6 米，向池伸进距离可为 1.50 米。

（3）10 米跳台：宽 2 米，长 6 米，向池伸进距离可为 1.50 米以上。多层跳台的上一层应比下一层多伸出 0.75—1.50 米。

台面需用有弹性的硬木或塑料、橡胶覆盖，台两侧和后面的外边，从距离跳台前端 80 厘米处开始，有两根横栏杆围住。除 1 米台外，各台都必须在两侧和后方用栏杆围住，扶手之间的最小距离为 1.8 米，栏杆的最低高度为 1 米。每层跳台都应有合适的台阶。现代化的跳台装有电梯，以便节省运动员体力。根据教学需要还可以设 1～3 米跳台。1 米跳台宽 0.6 米，长 5 米，前端伸入池内 0.75 米；3 米跳台宽 1.5 米、长 5 米，前端伸入池内 1.25 米。跳台的高度最多可比规定的高度超出 0.05 米。

跳台

跳板

跳板

板状物体，有弹性，长不少于 4.80 米，宽 50 厘米，板面平而不滑，应高出水面 1～3 米高度，误差不得超过 0.05 米。有木质、铝合金和玻璃纤维制品 3 种。木质板与玻璃纤维板弹性较差，影响跳水动作难度的发展和技术的提高，已渐被淘汰。铝合金板薄而弹性好，已被广泛采用。跳板装有供运动员自已调整支点的活动装置。进行比赛时，宜安放成水平线，支点轴承居中。如进行调整，跳板与水面的倾斜度不得超过 1°。跳板应安装在跳台的一侧或两侧。

跑台

指跳台跳水从准备姿势开始，至到达台端起跳位置的助跑过程。包括加速跑、跨跳及起跳，跑台技术直接影响起跳角度、速度和空中动作的质量。规则规定可用单腿起跳，但跑台不得少于 4 步。助跑速度应比走板速度更快。

弹跳网

也称"蹦床"。跳水运动辅助器材。有活动装置和固定装置两种。由网、架、网片和橡皮条组成。网架用直径 32—50 毫米的钢管焊接而成，网片由聚乙烯塑料绳编织而成。橡皮条由橡皮圈编织而成，把网片与弹网架连接起来。网孔似渔网。具有弹力大，腾空高，空中停留时间长，节奏性强等特点。可做脚先入水的各种跳水动作。对提高弹跳力，识别方位，翻腾转向，控制身体平衡，"打开身体"，以及发展灵敏、协调、柔韧等身体素质，均有良好作用。

陆上跳板

陆上跳板是跳水运动辅助器材。是安装在陆地上的跳板，用于运动员陆上训练。高 1 米以下，板下设一坑。坑的规格不一，内置海绵垫或多层普通垫子。可作走板，起跳转向翻腾，正确"打开身体"等专门技术训练，以及脚先入等跳水动作。

水面波动装置

水面波动装置也称为气浪振荡仪。由气泵机、通气管道和喷气孔三部分组成。开动气泵机可使产生的气体通过管道，从安装在跳水池底的喷气孔群排出水面，使池水产生波动，让运动员看清水面的方位，准确判断入水位置，并及时作好入水准备。

评分板

评分板也称为"举分牌"。跳水比赛时临场裁判必备的一种评分器材。在没有电动报分牌装置时，可用举分牌代替。由底盘板、分数板和金属圆环三部分组成。木制或硬塑料制品底盘板为横宽 35 厘米、纵宽 25 厘米，另有 10 厘米长的扁圆形把手。分数板由长 20 厘米、宽 15 厘米的薄塑料板制成，共十一块，每块板两面分别印有 1—9 的数码或 0 和 0.5 数码。分数板分别环钉于盘底盘板上端，1—9 数码板钉于左面，0 和 0.5 数码板钉于右面，给分时无论正翻反翻，都能看到评定的分数。

电动评分器

电动评分器也称"电动给分机"。跳水比赛设备之一。大型跳水比赛采用电动计分时，每个评分裁判所必备的电动装置。赛前要准备好五至七套评分器供给五人制或七人制裁判评分使用。若条件允许可设置几套备用。

电动报分牌

电动报分牌也称"灯牌"。跳水池设备。现代大型跳水比赛中电子计算机报分系统的组成部分。通常由6200个圆柱形灯泡组成，外有牌罩。具有中文、外文、号码数字、图案、力表等多样性的显示功能。高悬于跳水池明显处。可将运动员的姓名、单位、国籍、赛别（预决赛）、器械高度、跳水组别、动作号数，选跳姿势、起跳方式、难度系数以及每个位置的裁判对每个动作的给分和该动作的实得分、比赛轮次、比赛顺序等分别显示出来。

电子计分器

跳水池设备。与电动报分牌和操作装置构成电子计分报分系统。比赛时，能迅速计算每个裁判的评分和每个跳水动作的实得分、预决赛的单项得分和总分、全能总分以及团体总分等。

活动支点

跳板支点部位的活动装置，可供运动员按自己的体重和习惯调整跳板的弹力，以适应跳高难度动作的需要。活动支点是正规比赛的必备设施，由滚筒轴承、轴承中心柱、滚动齿轮和滚动支架等四个部分组成，可供运动员随意调整支点位置。滚筒长0.75米，放于距支架前端0.25米处时，支架的表面到跳板底部的距离不得少于0.25米；每向后移动0.05米时，此距离必须增加0.005米。当滚筒置于支架的中间位置时，跳板必须处于水平状态。调整时，跳板与水面的倾斜度不得超过1°。

记录台

也称"赛场记录台"。跳水比赛设备之一。为木制台桌，长 2．5 米，宽 60 厘米，高 1 米左右。置于能洞察全场比赛的地方。通常为记录员、查分员、报分员和裁判长于现场工作时用。台面置放玻璃板、计算器直角尺、评分登记表、实得分对照表。采用电动板装置时，应设有监放机、电话机、电动按钮。

裁判椅

也称评分裁判椅。为使评分裁判员在比赛时不受干扰，能清晰地观察参赛运动员的动作而设置。高度最好高出水面 1.5 ~ 2 米，最低不得少于 1 米。椅座最好有升降装置。其数量视场地情况和比赛性质及评分裁判人数而定，7 人裁判制最好备 8 ~ 9 把裁判椅。

PART 5 项目术语

1 米板立定起跳 101 甲

竞技跳水向前直体跳水动作之一。动作过程为：蹬板起跳后，两臂快速上摆至两耳旁，在腾空过程中，挺胸、分臂成燕式姿势并注视前方。接着，两臂从体侧靠拢两耳并手，掌心对水，头部摆正向下，两肘关节伸直夹紧头部，顶肩入水。

1 米板立定起跳 101 丙

竞技跳水向前抱膝跳水动作之一。动作过程为：起跳蹬板时，两臂快速上摆至两耳旁，在腾空的过程中低头、弓背，屈髋和膝关节，胸部贴拢大腿，两手抱住小腿。腾空至最高点时完成抱膝姿势，眼睛注视水面。然后同时展直髋和膝关节，两臂靠拢两耳并手，掌心对水，头部摆正，两肘关节伸直夹紧头部，用力顶肩入水。

1 米板和 3 米板的连续弹板

跳水走板起跳动作之一。动作过程为：练习者站立板端，两臂伸直上摆至两耳旁。然后身体下蹲，两臂从体侧偏后方做弧形下压动作。蹬板时，两臂快速上摆至耳旁，稍停，待两脚即将着板时再重复上述动作。

3 米板立定起跳 101 甲

竞技跳水向前直体跳水动作之一。动作过程为：蹬板起跳时，两臂快速上摆至两耳旁，在摆腿腾空的过程中，挺胸分臂成燕式姿势，并注视前方。头朝下时，两眼注视水面，两臂从体侧靠拢两耳并手，掌心对水，头部摆正，两肘关节伸直夹紧头部，用力顶肩入水。

3 米台立定起跳 101 甲

竞技跳水向前直体跳水动作之一。动作过程为：蹬台起跳后，两臂快速上摆至两耳旁，两脚离台后快速后摆，挺胸分臂成燕式姿势，两眼注视前方。头朝下时，注视水面，两臂从体侧靠拢两耳并手，掌心对水，头部摆正，两肘关节伸直夹紧头部，用力顶肩入水。

3 米板立定起跳 101 乙

竞技跳水向前屈体跳水动作之一。动作过程为：蹬板起跳时，两臂快速上摆至两耳旁，在腾空的过程中含胸、弓背、下压躯干，在腾空最高点时完成两手摸脚背的屈体姿势，注视水面。身体下落时，用力紧腿，展直髋关节，然后两臂靠拢两耳并手，掌心对水，头部摆正，两肘关节伸直，夹紧头部，用力顶肩入水。

3 米台立定起跳 101 乙

竞技跳水向前跳水屈体动作之一。其过程为：蹬台起跳时，两臂快速上摆至两耳旁，两脚离台后迅速含胸、弓背、下压躯干，在腾空最高点时完成屈体姿势。身体下落时用力紧腿，展直身体，两眼注视水面，然后两臂靠拢两耳并手，掌心对水，头部摆正，两肘关节伸直夹紧头部，用力顶肩入水。

3 米台 610 甲

竞技跳水臂立向前跳水动作之一。动作过程为：倒立稳定后，微夹臂摆腿，身体逐渐向台端外倾斜。然后抬头向水，同时两手推台，身体下落。入水前两臂靠拢两耳并手，掌心对水，两肘关节伸直夹紧头部，用力顶肩入水。

3 米台 611 甲

竞技跳水臂立向前半周跳水动作之一。动作过程为：倒立稳定后，微低头含胸，身体逐渐向台端外倾斜，当身体倾斜到一定程度后，同时推台，压腿。身体下落时，两臂成侧平举姿势，然后两臂伸直贴大腿外侧，脚尖绷直入水。

3 米板 5211 甲

竞技跳水向后转体半周动作之一。动作过程（以向右转为例）为：起跳蹬板时，两臂快速上摆至两耳旁。离板腾空时，左臂分臂幅度不大，右臂伸直往后，转体快到半周时，两臂成侧平举燕式姿势。然后两臂靠拢两耳并手，掌心对水，两肘关节伸直夹紧头部，用力顶肩入水。

3 米台 5112 甲

竞技跳水向前转体 1 周跳水动作之一。动作过程（以向左转为例）为：起跳蹬台时，两臂快速上摆至两耳旁，两脚离台，同时迅速向后摆腿、分臂，然后左臂屈向后带臂，右臂屈肘向前摆动靠拢胸部，转体近一周时，两臂分开，成侧平举燕式姿势。然后两臂靠拢两耳并手，掌心对水，肘关节伸直夹紧头部，用力顶肩入水。

3 米台 401 丙

竞技跳水向内抱膝跳水动作之一。动作过程为：练习者面对跳台，两臂伸直摆至两耳旁，稍停顿，接着身体下蹲，蹬台起跳。两脚离台后，迅速低头、含胸、弓背、下压躯干、屈髋和膝关节。腾空至最高点时完成胸部贴大腿、两手抱小腿的抱膝姿势，目视水面。然后同时伸直髋和膝关节，两臂摆到侧平位置。快到水面时，两臂快速靠拢两耳并手，掌心对水，头部摆正，两肘关节伸直夹紧头部，用力顶肩入水。

1 米板 401 丙

竞技跳水向内抱膝跳水动作之一。动作过程：起跳蹬板时，两臂快速上摆至两耳旁，两脚离板后，迅速低头、含胸、弓背、下压躯干、屈髋和膝关节。腾空至最高点时完成胸部贴大腿、两手抱小腿的抱膝姿势，目视水面。然后同时伸直髋和膝关节，两臂靠拢两耳并手，掌心对水，头部摆正，两肘关节伸直夹紧头部，用力顶肩入水。

5 米台 401 乙

竞技跳水向内屈体跳水动作之一。动作过程为：面对跳台站立，两臂伸直上摆至两耳旁，稍停顿，接着身体下蹲，蹬台起跳，在两脚离台的同时含胸并向上弓背，下压躯干，两手摸脚背，目视水面。身体下落时用力紧腿，展直髋关节。然后两臂靠拢两耳并手，掌心对水，两肘关节伸直夹紧头部，用力顶肩入水。

3 米板 401 乙

竞技跳水向内跳水屈体动作之一。其过程为：蹬板起跳时，两臂快速上摆至两耳旁。两脚离板后迅速含胸、弓背、下压躯干。腾空至最高点时完成两手摸脚背的屈体姿势，目视水面。身体下落时，用力紧腿，展直髋关节。然后两臂靠拢两耳并手，掌心对水，两肘关节伸直夹紧头部，用力顶肩入水。

3 米台立定起跳 301 丙

竞技跳水反身抱膝跳水动作之一。动作过程为：起跳时两臂快速上摆至两耳旁，在腾空过程中，稍含胸、弓背、屈髋和膝关节，大腿主动靠拢胸部，两手抱住小腿，同时伸直髋、膝关节，脚尖朝前上方伸，两臂伸直，手贴大腿，仰头看水面。然后两臂从体侧靠拢，两耳并手，掌心对水，头部摆正，两肘关节伸直夹紧头部，用力顶肩入水。

3 米台立定起跳 301 乙

竞技跳水反身屈体跳水动作之一。动作过程为：起跳时，两臂快速上摆至两耳旁。两脚离台同时，快速屈髋、举腿，稍含胸、弓背。在腾空的过程中，双手摸脚背，目视脚尖，接着两腿朝前上方伸，躯干自然后仰，展直髋关节，仰头看水面。然后两臂从体侧靠拢两耳并手，掌心对水，头部摆正，两肘关节伸直夹紧头部，用力顶肩入水。

3 米板走板起跳 301 甲

竞技跳水反身直体跳水动作之一。动作过程为：蹬板起跳时，两臂快速上摆至两耳旁。在两脚离板瞬间，夹紧臀部，快速向前上方送腿。在腾空过程中，仰头、分臂、挺胸、紧腹。身体下落时保持上述姿势，仰头看水面，然后两臂从体侧靠拢两耳并手，掌心对水，头部摆正，两肘关节伸直夹紧头部，用力顶肩入水。

3 米台 201 丙

竞技跳水向后抱膝跳水动作之一。动作过程为：起跳时两臂快速上摆至两耳旁。在腾空过程中，稍含胸、屈髋和膝关节，大腿靠拢胸部，两手抱住小腿，同时伸直髋、膝关节，脚尖朝前上方伸出去、两臂伸直，贴大腿，仰头看水面。然后两臂从体侧靠拢两耳并手，掌心对水，头部摆正，两肘关节伸直夹紧头部，用力顶肩入水。

3 米台 201 乙

竞技跳水向后屈体跳水动作之一。动作过程为：起跳时两臂快速上摆至两耳旁。在腾空过程中屈髋、举腿、稍含胸，两手摸脚背，目视脚尖，两腿朝前上方伸，使躯干自然后仰，展直身体，仰头看水面。然后两臂从体侧靠拢两耳并手，掌心对水，入水前头部摆正，两肘关节伸直夹紧头部，用力顶肩入水。

3 米台 201 甲

竞技跳水向后直体跳水动作之一。动作过程为：蹬台起跳时，两臂快速上摆至两耳旁，在腾空的过程中，迅速分臂成侧平举，同时仰头微挺胸，身体下落时保持燕式姿势，仰头看水面。然后两臂从体侧靠拢两耳并手，掌心对水，头部摆正，两肘关节伸直夹紧头部，用力顶肩入水。

3 米板 201 甲

竞技跳水向后直体跳水动作之一。动作过程为：蹬板起跳时，两臂快速上摆至两耳旁，在腾空的过程中，迅速分臂成侧平举，同时仰头微挺胸。身体下落时保持燕式姿势，并注意仰头看水面，然后两臂从体侧靠拢，两耳并手，掌心对水，头部摆正，两肘关节伸直夹紧头部，用力顶肩入水。

3 米台立定起跳 101 丙

竞技跳水向前抱膝跳水动作之一。其过程为：起跳蹬台时，两臂快速上举至两耳旁，在腾空的过程中低头、弓背、屈髋和膝关节，胸部贴拢大腿，两手抱住小腿。在腾空最高点完成抱膝姿势，眼看水面。然后展直髋和膝关节，两臂摆到侧平位置。并快速靠拢至两耳，并手，掌心对水，头部摆正，两肘关节伸直夹紧头部，用力顶肩入水。

3 米板（台）向后"体侧并手"丙式倒下

向后的丙式倒下动作之一。动作过程为：身体下蹲，前脚掌着板（台），脚后跟悬空，两手抱住小腿，肘关节贴拢大腿外侧，然后身体后倾倒下。在倒下的过程中，同时伸直髋和膝关节，脚尖往前上方伸出去，两手抱住小腿，肘关节贴拢大腿外侧，然后身体后倾倒下。在倒下的过程中，同时伸直髋和膝关节，脚尖往前上方伸出去，两手贴腿。仰头看水面，两臂经体侧迅速靠拢，两耳并手，掌心向外。手碰水时减小仰头，肘关节伸直夹紧头部，收紧腹部，用力伸臂入水。

3 米板（台）向前下蹲丙式倒下

向前丙式倒下动作之一。动作过程为：在板（台）边，身体下蹲，两手抱住小腿，肘关节贴拢大腿外侧，接着提踵，身体前倾倒。在倒下的过程中，注视水面，同时伸直髋和膝关节，往后上方伸腿，脚尖绷直，两腿并拢。然后臂伸直迅速靠拢，两耳并手，掌心向外。入水时，收紧腹部，肘关节伸直夹紧头部，用力伸臂成直体姿势入水。

3 米板（台）向前坐台乙式倒下

向前的乙式倒下动作之一。动作过程为：坐在板（台）端，两腿伸直上举，两手抱住小腿后面，肘关节贴拢膝盖外侧，接着身体前倾倒下。头朝下时两臂分开，注意看水面，两脚并拢，脚尖绷直，摆腿展直髋关节。然后两臂伸直，迅速靠拢两耳并手，掌心向外。入水时，收紧腹部，肘关节伸直夹紧头部，用力伸臂成直体姿势入水。

3 米板（台）向前分臂甲式倒下

向前甲式倒下动作之一。动作过程为：身体直立，两臂侧平举，然后提踵倒下。双脚离板（台）后，注意看水面，收腹紧臀，两腿并拢，脚尖绷直。入水时两肘关节伸直靠拢两耳，夹紧头部，并手，掌心向外，成直体姿势入水。

一次打开法

屈体抱膝两式腾空时打开身体的一种方法。多用于多周翻腾以后。运动员在空中完成基本姿势后一次伸直髋关节和膝关节，将身体拉直至接近与水面垂直角度，准备入水。

二次打来法

屈体抱膝丙式腾空打开身体的一种方法。运动员在空中完成基本动作后，为使运动员做补充动作，纠正入水前尚存在的错误，便于在空中识别时，使用此法，运动员充分伸直膝关节，部分地伸直髋关节，第一次打开呈屈体姿势，然后身体继续翻腾，进一步伸直髋关节。第二次打开使身体挺直，准备入水。这种方法既能增强动作的节奏感，又能准确掌握入水角度，便于有充裕的时间做入水动作。

5 米台 631 丙

竞技跳水臂立中穿跳水动作之一。动作过程为：倒立稳定后，身体逐渐向台端外倾斜，身体倾斜至一定程度后，同时推台、抬头、屈髋和膝关节，大腿快速靠拢胸部，两手抱住小腿。然后，伸直髋和膝关节，两臂贴大腿外侧，脚尖绷直入水。

5 米台 5311 甲

竞技跳水反身转体半周动作之一。动作过程（以向左转为例，采用向前立定起跳完成动作）为：起跳蹬台时，两臂快速上摆至两耳旁，离台后夹臀、紧腹，迅速向上送腿，左臂后带，转体快到半周时，两臂成侧平举姿势。然后两臂靠拢两耳并手，掌心对水，肘关节伸直夹紧头部，用力顶肩入水。

入水

跳水运动技术名词也称入水阶段。指从指或脚趾触水到浮出水面为止的过程。分头先入水和脚先入水两种。头先入水时，应做拉肩、夹肘的并手动作。并手的方法有"体侧关手"和"胸前并手"。脚先入水时，两手紧贴体侧，规则规定，如两臂上举高于头部，该动作最高分不得超过 4.5 分。

飞身

指起跳后、连接翻腾前动作的直体下燕式动作。有面对池向前（第1组）、面对板（台）向后（第2组）、面对池反身（3组）、面对板（台）向内（第4组）的自选动作。有"向前飞身"、"向后飞身"、"反身飞身"、"向内飞身"4种。飞身姿势的动作表现，必须是完整的，待直体展平之后，方可作其余的动作。飞身姿势的跳水动作艺术性较高，空中姿势优美，在表演跳水中，常被采用。

反身跳水

面对跳水池起跳，朝体后方向翻腾的动作称为反身跳水动作，其特点是前跳后翻，起跳角度不易掌握好。如起跳时身体过分前倾，就不能获得足够的翻腾力；如身体前倾不足，则容易碰板（台）。起跳的正确身体姿态应是：蹬板（台）摆臂时，身体适当前倾，但两肩必须后靠，使肩部处于板（台）反弹力作用线之后。在国际跳水规则中，反身跳水也称第3组动作。动作号数为3位数，第一位数"3"代表组别，第

3位数代表翻转周数。如301反身跳水，表示身体向前跳起，在空中向后翻转180°；302反身跳水，表示身体向前跳起，在空中向后翻转360°，以此类推。结尾是单数的为半周结束动作，头先入水；结尾是双数的为整周结束动作，脚先入水。国际跳水规则难度表中此组共有8个动作，难度最大的是307C即反身翻3周半（抱膝）。

中穿

跳水运动术语。跳台跳水第6组动作中做反身方向动作时连接空翻的技术。即运动员在跳台前端做好臂之姿势并稳定平衡后，将身体重心前移，使身体置于跳台之外，并立即推手做反身向后翻转的空中动作。

切水

跳水运动术语。运动员入水时，由于腰腹力量较差、腿部控制能力不好，或因惯性力使身体失去平衡而引起的侧面斜切入水的现象。多出现在头先入水的动作中，它不符合身体垂直入水的要求，并破坏翻掌压水技术。模仿练习：学习新、难跳水动作之前，为获得感性认识以及体会动作的细节和要领所进行的一系列模仿性的练习，而后逐步组合过渡到完整动作的模仿练习。掌握新、难动作时，通过模仿练习可避免伤害，减少多余动作的产生。训练时，可由简到繁，由徒手到器械，由分解到完整，由陆上到水上。

压板

跳水技术名词。为加强下压板端的作用力，以增加起跳高度的一种技术。运动员跨跳后，摆动腿积极向踏跳腿并拢，眼睛注视板端，前脚掌先着板逐渐过渡至全脚掌，两臂从体侧积极下压。屈髋、屈膝，大小腿形成约90°的拉力角（指肌肉随着关节运动时所拉张的角度），伸膝的股四头肌处于适度拉长状态。随着跳板下降，两脚着板，两臂加速下压至膝关节处再上拉。须把握两臂下压的时间，过早会破坏臂摆动的连贯性，过晚则使臂位不充分而影响空中动作的连接。

压水花

也称"手抓水"、"手翻掌入水法"。跳水运动技术名词,入水技术之一,因使用此法能压住水花飞溅,给人以美感,故名。可分勾脚压水花(脚先入水时控制水花)和翻掌压水花(头先入水时控制水花)两种。按入水后身体姿势可分为伸直入水和入水后滚翻两种类型。动作要领是:伸肩、夹肘,将身拉长;当上体入水时,两臂及时向前方分开,以提高压水花效果并减轻手臂的负担,避免肩部受伤。

向内跳水

跳水运动比赛动作之一。属第4组面对板(台)的动作,难度系数为1.2—2.9。在国际跳水规则中,该组的动作号数为3位数,第一位数"4"代表组别,第三位数代表翻转周数。如401向内跳水,表示身体向后跳起,在空中向前翻转180°,402向内跳水表示身体向后跳起,在空中向前翻转360°,以此类推。结尾是单数的为半周结束动作,头先入水。结尾是双数的为整周结束动作,脚先入水。国际跳水规则难度表中,此组共有8个动作。难度最大的是407C,即向内翻腾三周半(抱膝)。该组动作只能采用立定起跳方式。在一般跳水比赛中可选用各式跳板、跳台,但在重大国际比赛中,必须在3米板与10米台上完成动作。

池边鱼跃头入水

教学跳水基本动作之一。是改进和提高竞技跳水技术的手段。起跳前身体直立,两臂伸直上举,眼视前方。起跳后含胸弓背,提臀,最后身体垂直,以头先入水,可用伸体、屈体或抱膝姿势完成空中动作。

落位

跳水运动术语。指走板时,最后一步踏跳步下落的位置。标志着走板降段的结束和起跳阶段的开始。可以反映运动员专项训练水平及临场应变能力,也直接影响跳水动作的质量。跳板跳水中的落位必须直体双腿对称。两臂姿势有三种：（1）头侧外方斜上举型，两臂自然伸直五指并拢手心向外，由后向前侧外方上举；（2）头前上举型：两臂由腰后向上摆至前上方与摆至头侧上方；（3）头侧上合臂型：两臂由体后作前侧斜上方摆至头侧上方，两手拇指相遇手心向前。腿部姿势有两种：（1）并腿型：两腿并拢，脚面绷直；（2）分腿型：两腿自然伸直、分开，其开度 10—20 厘米。

向前跳水

也称"正面跳水"、"面对池向前跳水"。跳水运动比赛第 1 组动作。难度系数 1.2—3.0。该组的动作号数为 3 位数，第一位数"1"代表组别，第 3 位数代表翻转周数。号数结尾是单数的为半周结束动作，头先入水。号数结尾是双数的为整周结束动作，脚先入水。国际跳水规则难度表中该组共有 13 个动作，难度最大的是 109C，即向前翻腾四周半（抱膝）。

向前坐台丙式倒下

向前丙式倒下动作之一。例如 3 米板向前坐台丙式倒下，其动作过程为：坐在板端，两手抱住小腿，肘关节贴拢大腿外侧，接着前倾身体倒下。在倒下的过程中，注视水面，同时伸直髋、膝关节，并往后上方伸腿，绷直脚尖，并拢两腿，然后两臂伸直迅速靠拢两耳，并手，掌心向外。入水时收紧腹部，肘关节伸直夹紧头部，用力伸臂成直体姿势入水。

向前分臂乙式倒下

向前乙式倒下动作之一。例如 3 米板向前分臂乙式倒下，动作过程为；站板上，躯干前倾下压，两手侧平举。然后提踵，身全前倾倒下，在倒下过程中，注视水面，两腿并拢，脚尖绷直，展直髋关节。然后两臂伸直迅速靠拢两耳分手，掌心向外，入水时收紧腹部，用力伸臂成直体姿势入水。

向前并手乙式倒下

向前的乙式倒下动作之一。例如3米板向前并手的乙式倒下，其动作过程为：站板上，躯干前倾下压，两臂上举伸直靠拢两耳，掌心向外。然后提踵，身全前倾倒下。在倒下的过程中，注视水面，两腿并拢，脚尖绷直，展直髋关节。入水时腹部收紧，肘关节伸直夹紧头部，用力伸臂成直体姿势入水。

向前甲式倒下

跳水基本动作倒下的一种。例如3米板向前并手的甲式倒下，动作过程为：身体直立，两臂伸直在头上方并手，两掌心向外，然后提踵，身体前倾倒下。双脚离板后，注意看水面，收腹紧臀，双腿并拢，脚尖绷直，肘关节伸直夹紧头部，使两臂伸直成直体姿势入水。

向前丙式跳下

跳水基本动作丙式跳下的一种。例如1米板向前立定起跳的丙式跳下，动作过程为：起跳蹬板时，两臂快速上摆至两耳旁，两脚离板后快速屈髋和膝关节，使大腿主动向胸部靠拢，同时含胸，两臂从体前下压、伸直、贴大腿外侧，双手抱住小腿，在腾空最高点完成上述动作后，迅速伸直髋和膝关节，两臂伸直贴拢大腿外侧成直体姿势入水。

向前乙式跳下

跳水基本动作乙式跳下的一种。例如1米板向前的乙式跳下，其过程为：起跳蹬板时，两臂快速上摆至两耳旁，两脚一离板就快速屈髋、举腿、含胸，躯干稍前倾，两手摸脚背，然后迅速展髋，压腿成甲式姿势，两臂伸直贴拢大腿外侧入水。

向前甲式跳下

跳水基本动作甲式跳下的一种。例如1米板向前的甲式跳下，其过程为：走板起跳腾空后，目视正前方，两臂向上夹于两耳旁。紧腹、夹臀，两腿并拢，脚尖绷直。入水时，两臂伸直贴拢大腿外侧。

向后跳水

也称"反身跳水"、"面对板向后跳水"。跳水运动比赛动作之一，属第2组。难度系数为1.5—3.0。该组动作号数为3位，第一位"2"代表组别，第3位数代表翻转周数。国际跳水规则难度表中此组共有8个动作，难度最大的是207C，即向后翻腾三周半（抱膝）。此组动作只能采用立定起跳方式。在一般跳水比赛中可选用各式跳板、跳台，但重大国际跳水比赛中必须在3米跳板和10米跳台上完成动作。

向后"体前并手"丙式倒下

向后丙式倒下动作之一。例如3米板向后"体前并手"的丙式倒下。动作过程为：身体下蹲，前脚掌着板（台），脚后跟悬空，两手抱住小腿，肘关节贴拢大腿外侧，身体后倾倒下。在倒下的过程中，同时伸直髋和膝关节，脚尖往前上方伸出去，两手靠拢腹部并手。仰头看到水面后，两手经胸前、脸前伸向头顶。手碰水时减小仰头，肘关节伸直夹紧头部，紧腹，用力伸臂入水。

向后乙式倒下

向后乙式倒下动作之一。例如3米板向后的乙式倒下，动作过程为：躯干前倾下压，两臂伸直，两手摸板面，前脚掌着板，脚后跟悬空，臀部后移倒下。在倒下的过程中，两腿并拢，脚尖往前上方伸出去，展直髋关节，仰头看水面。然后，两臂伸直，从体侧迅速靠拢两耳，并手，掌心向外，手碰水时减小仰头，肘关节伸直夹紧头部，收紧腹部，用力伸臂入水。

向后分臂甲式倒下

向后甲式倒下动作之一。例如3米板向后分臂甲式倒下，动作过程为：身体直立，两臂侧平举，前脚掌着板脚后跟悬空，然后仰头，身体后倾倒下。在倒下的过程中稍挺胸，仰头看水面，并收腹、紧臀，两腿并拢，脚尖绷直。然后两臂伸直，迅速靠拢两耳，并手，掌心向外，手碰水时，减小仰头，肘关节伸直夹紧头部，用力伸臂入水。

向后并手甲式倒下

向后的甲式倒下动作之一。例如1米板向后并手的甲式倒下，其动作过程为：身体直立，前脚掌着板，脚后跟悬空，两臂伸直上举，头上并手，掌心向外。然后仰头带臂，身体后倾倒下。在倒下的过程中，增大挺胸，仰头看水面，身体倾斜入水。

向后丙式跳下

跳水基本动作丙式跳下的一种。例如1米板向后的丙式跳下，其动作过程为：起跳蹬板时，两臂快速上摆至两耳旁，脚离板后快速屈髋和膝关节，大腿迅速靠拢胸部，同时含胸，两臂从体前或者体侧下压，双手抱住小腿，肘关节贴拢大腿外侧，在腾空最高点完成上述动作后，迅速有力地伸直髋和膝关节，两臂伸直贴拢大腿外侧成直体姿势入水。

向后乙式跳下

跳水基本动作乙式跳下的一种。例如1米板向后的乙式跳下。动作过程为：起跳蹬板时，两臂快速上摆至两耳旁，两脚离板后快速屈髋、举腿、含胸，躯干稍前倾，同时两臂下压摸脚背，然后迅速展髋、压腿，两臂伸直贴拢大腿外侧以直体姿势入水。

向后甲式跳下

跳水基本动作甲式跳下的一种。例如1米板向后的甲式跳下，动作过程为：起跳腾空后，目视跳板后方，两臂向上夹于两耳旁，紧腹、夹臀，两腿并拢，脚尖绷直，入水时两臂伸直贴拢大腿外侧。

动作难度系数

跳水比赛术语，跳水难易程度的数字标志，由国际游联制定，每4年修改1次。动作难度系数是表明运动员完成动作的难易程度。国际跳水竞赛规则为每一个跳水动作确定了相应的难度系数，它根据动作组别、竞赛项目（跳板、跳台）、器械高度、动作姿势和翻腾转体的周数等方面的差异来确定其数值。运动员跳水时，动作简单，难度系数就低；动作复杂，难度系数就高。最高难度动作为109C（向前翻腾四周半—抱膝），难度系数为3.5，最低难度是101C（向前跳水—抱膝），难度系数为1.2。运动员必须从难度表中选报参赛动作。

动作号数

跳水比赛时的动作代号。列于《跳水动作难度表》的表格，除第5组（转体）外，其他各组的跳水动作号数均为三位数自左至右，第1位数代表组别；第2位数代表跳水方向（"1"是向前跳水，"2"是向后跳水，"3"是反身跳水，"4"是向内跳水）；第3位数代表翻腾周数（"1"是半周，"2"是1周，"3"是1周半，以此类推）；第5组的第4位数代表转体周数（计算方法同第3位数）。由于第1、2、3、4组的第1位数已代表了方向，故第2位数不再重复方向，一律以"0"代替；如第2位数为"1"则专指带飞身动作。第6组臂立跳水的第2位组的"臂立中穿反身跳水"，"3"代表跳水方向，"2"代表翻腾周数。

跳水难度表

跳水难度必须按照国际规则的难度表中的动作进行。跳板有5组动作共77个，可在1米和3米跳板上完成动作。根据空中姿势（A—直体，B—屈体，C—抱膝 D—转体）和翻转周数的多少，决定其难度的高低。难度最低为1.2，最高为3.6。跳台跳水有六组动作共77个，可在5米、7.5米和10米跳台上完成动作，但奥运会和世界锦标赛必须在10米跳台上完成动作。根据空中姿势和翻转周数的多少，决定其难度的高低，难度最低为1.2，最高为3.6。

有难度系数限制

跳水比赛中，为了检验运动员的基本技术高低，在国际规则中，对跳板和跳台比赛项目都制定出有难度系数限制的动作比赛。如女子3米跳板和男子 3 米跳板都包括 5 个不同组别的有一定难度系数限制的动作，其难度总和不超过 9.5。而男女跳台跳水都包括 4 个不同组别的有一定难度系数限制的动作，其难度总和不超过 7.6。

无难度系数限制

跳水比赛中，为了发挥跳水运动员的能力，在国际规则中对跳板和跳台比赛的项目，可以选择规则中最高难度的动作，如男子跳板包括六个动作，女子跳板包括五个动作；男子跳台包括 6 个动作，女子跳台包括 5 个动作。

走板

跳水运动技术名词。指运动员从上板助跑到板端为止的过程，为跳水前的准备阶段。常用于面对池向前、面对池反身和转体的跳水。标准走板有 4 步（3 步助跑和跨跳）和 5 步（4 步助跑和跨跳）。一般采用 4 步。第 1、2、3 步称"走步"，第 4 步称"跨跳步"，步幅比前者稍大，约 50—80 厘米，速度由慢转快。两臂配合方式有同时前后摆动、先后摆动（似走路）、在体侧自然下垂 3 种，以最后一种为佳。跨跳时踏跳腿要充分蹬直，摆腿要帮助身体重心上提，大小腿之间，大腿与躯干之间约成 90°角。两臂积极上摆至头上，两眼注视板端，做到落板准确迅速，走板时要求路线直，头正，动作自然协调，平稳果断。

走台

基本内容与走板相同。但其助跑速度由慢加快而趋急速。

陆上跳板（台）

跳水运动辅助器材。指安装在陆地上的跳板（台）用于运动员陆上训练。高 1 米左右以便教练员帮助与保护，板下设地坑。坑的规格不一，内置海绵垫或海绵包。可作走板、起跳、转向翻腾，正确"打开身体"等专门技术，以及脚先入水等跳水动作。前面还充有保护带装置在板（台）前端约 40 公分距离的上方，与板（台）前端等距的两侧各安装固定的滑轮，高约 4 米，用绳子连接保护带，使运动员在训练高难度动作时，避免伤害事故的发生。

表演跳水

跳水运动的一种，也称娱乐性跳水。在盛大节日或跳水比赛结束后，通常都要举行跳水表演。跳水表演可分单人跳水、双人跳水、集体跳水三种；根据表演动作的特点，还可分为花样跳水、特技跳水、滑稽跳水和集体烟火跳水等。有时竞技跳水动作也作为表演跳水的内容。

转体跳水

跳水比赛第 5 组动作，是翻腾与转体同时进行的复合性动作，技术较复杂，具有一定的难度。转体跳水动作分为向前转体、向后转体、反身转体和向内转体四种类型。在国际跳水规则中，该组动作号数为四位数，第 1 位数代表组别，第 2 位数代表起跳方向，第 3 位数代表身体在空中翻转周数，第 4 位数代表身体在空中转体周数。结尾是单数的为半周结束动作，头先入水，结尾是双数的为整周结束动作，脚先入水。国际跳水规则难度表中此组共有 41 个动作，包括向前转体 13 个，向后转体 11 个，反身转体 11 个，向内转体 6 个。难度最大的是 5138d，即向前翻腾一周半，转体 4 周（丁式）。

空中姿势

跳水动作名词，指腾空后在入水前所做的各种空中动作，包括：直体（a），屈体（b），抱膝（c），翻腾和转体（d）。要求动作准确规范、姿势优美舒展。

肩角

跳水运动术语。运动员入水时，以肩轴为中心点，其两臂的伸直线和身体垂直线所形成的夹角。成因多属运动员肩关节的柔韧性较差或入水准备不充分，使伸直的两臂不能及时与垂直入水的身体直线重合；有的则是平时训练要求不严，措施不当，入水时养成了带有"肩角"姿势的入水习惯。是一种错误的入水姿势，会影响入水效果。

屈体式

也称"乙式"，俗称"镰刀式"。跳水运动腾空姿势之一。腾空时，髋部弯曲，含胸、弓背，两腿并拢，脚尖同时绷直，身体尽量与腿部叠紧。起跳时，收紧身体姿势柔和，刚强有力。各组规定动作中，向前跳水、向内跳水的屈体动作，称"镰刀式"；反身跳水的屈体动作，称"反镰刀式"；向前转体半周的屈体动作，称"镰刀转体"。

直体式

也称"甲式"，俗称"飞燕式"。跳水运动腾空姿势之一。因身体姿势要求挺直，所以得名。腾空时微抬头，膝部、髋部不得弯曲，两腿并拢，与脚尖同时绷直。姿势舒展，造型优美。各组规定动作中，向前跳水和向内跳水的直体动作，称"正燕式"；向后跳水和反身跳水的直体动作，称"反燕式"；向前转体的直体动作，称"燕式转体"。两臂普遍采用侧平举，但在完成直体向后或反身翻腾时，两臂可弯曲紧贴胸前或体侧。跳水的 6 个组别动作中，均有直体姿势。

直体跳下

教学跳水基本动作之一。为使初学者熟悉水性，培养跳水的本体控制能力、体验入水方式而采用的基本教学手段。起跳后，肩部放松，收腹，臀部夹紧，两脚绷直，眼视前方，两臂由头部经两侧的位置放下，身体成一直线进入水中。脚尖触水时，可勾脚面，以脚掌压水花。向前跳下时可采用立定或跑动两种起跳方式。练习高度在 1 米或 1 米以上的板台，高度越高，两臂于体侧停留的时间越长，越有利于控制身体平衡。

直体站立倒下

教学跳水基本动作之一。以直体姿势，向前或向后倒下，以头先后入水的跳水动作。可采用并手倒下、分臂于体侧倒下或两臂紧贴体旁倒下等方式。入水时采用体侧并手，并手时间不宜过早。入水瞬间要做伸肩、夹肘动作。在教学中先后做并手倒下，有一定基础后再做分臂倒下；先做向前倒下，再做向后倒下。练习高度一般为 3 米或 5 米。

抱膝

也称"丙式"，俗称"团身式"。跳水运动腾空姿势之一。腾空时，整个身体自然全屈团紧，含胸、弓背、低头，两膝并拢，脚尖绷直，双手抱腿下部，胸部与大小腿叠紧。臂部动作有两种类型，一是两手抱小腿胫骨中部，此姿势适合于向前和向内的多周翻腾动作；二是两手于膝盖处抱住小腿，多用于向后翻腾多周动作。在国际比赛中抱膝动作缩写为"c"，在我国则以"丙"式表示。

抱膝跳下

教学基本动作之一。指采用团身抱膝的姿势做向前或向后的脚入水跳下练习。起跳后，迅速屈髋提膝，两手抱住小腿胫骨中部，两臂屈肘贴紧大腿外侧，含胸弓背，身体与大、小腿尽量叠紧，打开时伸膝伸髋，身体成一直线，两臂上举或紧贴体侧进入水中。向前起跳可采用立定或走动的两种方式。一般在池边、1 米或 1 米以上高度的板台上进行。

转体跳下

教学跳水基本动作之一。指向前或向后起跳腾空后沿身体纵轴向左或向右转动 180°（半周）、360°（一周）或 360° 以上（一周以上）的直体脚入水动作。转体时两肩前后协同配合，两臂可在头上伸直，也可一前一后弯曲于胸前与头后。向前起跳可采用立定或跑动两种方式。一般在池边、1 米以上高度的板台上进行。

抱膝坐倒下

教学跳水基本动作之一。坐于板台前沿，成团身姿势，两手抱住小腿胫骨中部，向前或向后滚下。打开时，可先采用膝、髋同时伸直的"一次打开"方法，体侧并手，入水瞬间伸肩、夹带臂，带臂时微抬头挺胸，但不要塌腰，身体展直入水。

屈体坐倒下

教学跳水基本动作之一。以屈体姿势做向前、向后倒下的头先入水动作。两臂可采用侧平举或手抱住小腿后方。屈体时腿伸直，身体折叠成90°或小于90°，臀部坐于板台前沿，向前或向后滚下，打开时两臂采用体侧并手、夹肘、伸肩。向后滚下打开时一般采用胸前并手方法，在入水瞬间除夹肘、伸肩外，还要带臂、微微抬头挺胸用眼睛找目标入水，入水时身体伸展成一直线。可结合翻掌压水花技术进行练习。

屈体站立倒下

教学跳水基本动作之一。以屈体姿势进行向前或向后站倒的头先入水动作。两臂可采用头上举或侧平举。身体折叠成90°或小于90°。打开时采用体侧并手，入水瞬间要做伸肩夹肘动作，展髋拉直身体。在教学中先做向后倒下练习。向后倒下打开一般多采用胸前并手，入水时伸肩、夹肘，带臂要微挺胸抬头，但不要塌腰。可结合翻掌压水进行技术练习。练习高度为3米或5米。

屈体跳下

教学跳水基本动作之一。指采用屈体姿势做向前或向后的脚入水跳下动作，起跳后，迅速屈髋举腿至水平位置，同时含胸弓背，两臂伸直手摸脚背，眼睛注视脚尖，然后迅速压腿展髋，身体展开时，两手紧贴体侧，身体成直线进入水中。空中屈体时，两臂姿势也可采用侧平举或抱小腿后方。向前起跳可采用立定和跑动两种方式。一般在池边、1米或1米以上高度的板台上进行。

起跳

指从跨跳步结束，两脚趾同时触及极端起跳位置起，至两脚用力蹬离起跳位置时的全过程。起跳技术对起跳的方向、角度、高度，以及空中动作的连接和质量都有直接影响，其形式有走动、跑跳和立定起跳三种。立定起跳又有面对池和背对池之分。

起跳方向

跳水技术名词。按照国际规则对各个组别的要求，可有四个起跳方向。起跳方向的确定是根据力学中力矩产生的原理，使起跳时蹬板线和身体重心不在一条直线上。第1组面对池向前跳水，起跳方向是前上方，身体重心在蹬板线前面。第2组面对板（台）向后跳水。第3组面对池反身跳水，起跳是前上方，但向后做动作，故身体重心在蹬板线后面。第4组面对板（台）向内跳水，起跳方向是后上方但向板端做动作，故身体重心在蹬板线前面。第5组转体跳水，可任选四个起跳方向中的一个。第6组是臂立跳水，没有起跳动作，只利用倒重心推手做向前或反身跳水动作。

起跳高度

跳水技术名词。跳水运动员的身体重心（质心）移动至最高点时的垂直距离（见图）。起跳高度直接影响跳水动作的效果，起跳越高，滞空时间越长，越能充分表现空中造型姿势和动作优美程度。起跳在1米以上者为"较高"；在50厘米以上者为"适中"；在50厘米以下者为"偏低"。要获得好的起跳高度，必须充分利用板的反弹力。同时要求腿部肌肉有较大的爆发力。起跳高度也是裁判员评分标准之一。

起跳角度

跳水技术名词。运动员身体重心与支撑点的连线和水平线的夹角。起跳角度的大小根据跳水的组别及空中动作的翻转周数而定，一般是半周动作起跳角度比多周动作起跳角度要大，即做多周动作比做半周动作时身体倾斜度要大。合理的起跳角度不但直接影响动作效果，而且也可避免发生伤害事故。

倒下

倒下是指身体在空中翻转半周并以头先入水的基本动作。可分为向前的甲式倒下、向前的乙式倒下、向前的丙式倒下、向后的甲式倒下、向后的乙式倒下和向后的丙式倒下等几种。常用于游泳和跳水教学比赛。

落板点

跳水运动术语。指起跳时运动员两脚在跳板或台的前端中央的落点。准确落点，能有效地利用跳板的节奏和板端较强的反弹力，以达到合理的起跳效果和理想的腾起高度。面对池立定跳水时，运动员脚趾应扣紧板（台）端前沿，以防起跳时蹬滑，并有助于跳角的掌握。

跨跳步

跳水技术名词。指助跑阶段的最后一步。通过两臂积极上摆，一腿蹬板向上做踏跳起动作，另一腿向上摆动，使大腿与躯干、大腿与小腿成90°角，帮助身体重心上升，如大腿上摆过高或过低都会使身体重心偏低而不利于取得好的跨跳高度。最后在腾空时摆动腿主动与踏跳腿并拢，以双脚落板结束。其步幅因人而异，一般在50—60厘米之间。步幅过短，起跳时身体容易产生前冲现象。

跳水运动

水上运动之一。通常在跳水池内举行。是借助跳台或跳板起跳，在空中完成各种翻转动作，最后以入水结束的非周期性技巧运动。分竞技性和非竞技性两类。前者有跳台跳水和跳板跳水，并各有若干比赛组别；正式比赛均需做有难度系数限制的自选动作和无难度系数限制的自选动作，以两种动作得分总和决定名次。后者有教学跳水、实用跳水、滑稽跳水和表演跳水等。现代竞技性跳水运动始于20世纪初，1904年第3届奥运会列为比赛项目。

跳台向后立定起跳

跳水立定起跳动作之一。练习者面对台站立，两臂侧平举。两脚掌着台，脚跟悬空（稍提起），肩略前倾。稍停顿，身体下蹲，同时两臂从体侧偏后方由慢至快地做弧形下压的上摆动作，然后蹬台腾空。

跳台向前立定起跳

跳水立定起跳动作之一。动作过程为：面对跳水池，在台端站立，两臂侧平举。稍停顿，身体下蹲，同时两臂从体侧偏后方由慢至快地做弧形下压的上摆动作，然后蹬台腾空。

跳板向后立定起跳

跳水立定起跳动作之一。动作过程为：面对板站立，两臂侧平举。前脚掌着板，脚跟悬空（稍提起），身体略前倾。待身体平稳后，下蹲沉板，同时两臂从体侧偏后方向由慢至快地做弧形下压上摆，蹬板腾空。

跳板向前立定起跳

跳水中立定起跳之一。动作过程为：面对跳水池在板端站立，两臂侧平举，待身体平稳后下蹲沉板，同时两臂从体侧偏后方向由慢至快地做弧形下压上摆动作，然后蹬板腾空。

跳下

跳水基础动作之一，身体在空中不做翻转并以脚先入水的基本动作，也就是平常所说的"冰棍"动作。可分为向前的甲式跳下、向前的乙式跳下、向前的丙式跳下、向后的甲式跳下、向后的乙式跳下、向后的丙式跳下。

跳板跳水

竞技性跳水的一种。运动员在有弹性的跳板上进行的跳水。按跳板距离水面的高度，有1米和3米两种。动作有面对池向前、面对板向后、面对池反身、面对板向内和转体5组。每组都有难度系数限制的自选动作和无难度系数限制的自选动作。完成动作的过程有走板、起跳、空中动作、入水等阶段。起跳方式有跑动和立定两种。空中动作有直体、屈体和抱膝3种。规定动作必须头先入水，自选动作可头先入水，也可脚先入水。比赛分男女两组，男子跳板跳水需做5个有难度系数限制的自选动作和6个无难度系数限制的自选动作，女子需做5个有难度系数限制的自选动作和5个无难度系数限制自选动作。以两种动作得分总和决定名次。动作的最高评分为10分，最低0分，其间以0.5进位。自1912年第5届奥运会起列为正式比赛项目。

跳台跳水

竞技性跳水的一种。运动员在跳台上进行的跳水。按距离水面的高度，有高5米、7.50米和10米3种。按动作，有面对池向前、面对池向后、面对池反身、面对池向内、转体和臂立（倒立）6个组别的动作。完成动作的过程有走台、起跳、空中、入水等阶段。起跳方式有跳动、立定和臂立3种。空中姿势有直体、屈体、抱膝3种。比赛分男女两组。男子组包括4个有难度系数限制的自选动作和6个无难度系数限制的自选动作，难度系数总和不超过7.6分；女子组包括4个有难度系数限制的自选动作和4个无难度系数限制的自选动作，难度系数总和不超过7.6分，男女均以两种动作得分总和决定名次。男女跳台动作都应选自不同组别，其动作号数不得相同。国际重大跳水比赛只允许用10米跳台。

整套动作

跳水竞赛名词。指跳板和跳台跳水比赛时，运动员必须完成包括有难度系数限制的自选动作和无难度系数限制的自选动作。男、女跳板和跳台跳水四个比赛项目中，各有一个整套动作。按《跳水竞赛规则》规定，男女跳板的整套动作包括5个有难度限制和6个无难度限制的自选动作，男女跳台包括4个有难度限制和6个无难度限制的自选动作；女子跳板的整套动作包括5个有难度限制和5个无难度限制的自选运作，女子跳台包括4个有难度限制和4个无难度限制的自选动作。

腾空

跳水运动技术名词。指自脚离板（台）起跳后到手或脚触水时止的过程。起跳后，基本姿势有直体、屈体、抱膝3种。沿身体横轴转动称"翻腾"，沿身体纵轴转动称"转体"。向前为"正"，向前跳称"正面跳水"，"正翻腾"；向后为"反"或"倒"，向后跳称"反身跳水"，"倒翻腾"；另有飞身等姿势。是显示跳水技巧和难度的主要动作过程。

臂立跳水

也称"倒立跳水"。跳台跳水比赛第6组动作。为3位数，第1位数"6"代表组别，第2位数代表动作方向，第3位数代表身体在空中翻转周数。若向前方向做动作，则结尾是单数的为半周结束动作，头先入水。结尾是双数的为整周结束动作，脚先入水。如是反身方向做动作，由于有"中穿"动作，正好相反，单数结尾的为整周结束动作，脚先入水。双数结尾的为半周结束动作，头先入水。该组共有9个动作，向前方向5个，反身方向4个。难度最大的是616C臂立翻腾3周（抱膝）。

翻腾

跳水运动腾空技巧之一。沿身体横轴转动的一切动作，包括直体、屈体、抱膝3种，均属"翻腾"。向前叫"正翻腾"；向后叫"倒翻腾"。动作末尾的"1"为半周（180°），"2"为一周（360°），"3"为一周半（540°），以此类推。《跳水动作难度表》规定的向前翻腾最多周数为4周半（109C），而向后、反身、向内翻腾最多周数为3周半（207C、307C、407C）。

PART 6　技术战术

走板（台）技术

完成任何跳水动作都必须经过四个阶段：准备、起跳、腾空和入水。不同组别的跳水动作，其准备阶段是不同的。例如，第一组、第三组和跑动转体跳水，其准备阶段是走板（走台）；第二组、第四组和立定转体跳水，其准备阶段只是在板端成站立；第六组跳水动作（只限于跳台跳水），其准备阶段是在台端成臂立，并保持三秒钟静止。

走板、起跳是整个跳水动作的重要组成部分，良好、正确地完成走板是成功的跳水动作的基础。不好的走板直接地影响到正确、优美地完成跳水动作，有时会导致跳水动作的失败。

标准的走板是由三步助跑加跨跳（又叫四步走板），或由四步助跑加跨跳（又叫五步走板）所组成。决定前者或后者的走板，是取决于运动员的身长和个人习惯。近年来所有国际跳水比赛中，绝大多数的跳水运动员都是取用四步走板技术。因为，金属跳板柔而刚，四步走板比五步走板能获得更好的平衡和稳定性。所以，我们着重于分析四步走板技术。

走板是从跳板的末端开始，助跑类似于平时自然的走步。助跑时，用两臂维持身体的平衡。跨跳时两臂随着身体自下而上摆到相应位置，这对起跳好坏有着重要作用。

助跑时两臂的运动方式有下列三种：

（1）助跑时两臂同时向前或向后摆动。这种方式的缺点，在于两臂同时向前和向后的摆动会引起弓背，这样会影响运动员，使其失去平衡。

（2）两臂像走路一样先后摆动。这个方式的缺点是，为了在跨跳时两臂同时运动，于是在跨跳前一刹那间，后一臂必须赶上另一臂，这样会破坏动作节奏，甚至使跨跳失去平衡。

（3）两臂自然地下垂，稍放在大腿前面，跨跳前两臂不动。跨跳时两臂同时向前上方摆到必要的位置。这种方式能保持稳定平衡，所以，所有优秀运动员都采用这一先进技术。我们认为，正确的走板动作应该是：在走板过程中走动自如，路线直，头正，两眼盯住板头。跨跳步的步幅不应过小，一般在 50 ~ 80 厘米左右（应该根据个人情况而定）。

完成跨跳时，当踏蹬腿有力地蹬离跳板时，摆动腿向前上方提起，使摆动腿的小腿与大腿成 90°，大腿与躯干成 90°，踏蹬腿应蹬直，与身体成一直线。这时两臂平稳自如地上摆，使手臂与肩成 30° 角。

当运动员刚升腾到跨跳最高点时，运动员要伸直摆动腿，并使伸直的两腿与躯干成一直线。这时两臂仍然位置在侧上方，眼睛盯住跳板头，其目的是利用视觉来保证准确地落在起跳点上，为随即而来的起跳创造有利条件。身体继续下降，当下降至脚尖与跳板距离 2 ~ 3 厘米时，脚尖稍翘起。这一动作能使柔软的前脚掌首先着板，然后过渡到全脚掌压板。当全脚掌压板时，两臂正好经侧面往下落到体旁。脚尖"触板"动作要完成得轻巧而没有响声。

完成"脚尖触板"动作之后，运动员要完成依次先屈后伸髋、膝、踝关节的压板动作。整个身体这一压板动作节奏要与跳板的波动节奏相吻合，这才是良好的压板动作。运动员这一压板力量越大，则跳板反弹力就越大，这为运动员获得足够的腾空高度而创造了有利条件。但必须指出，压板动作要充分自如，防止为追求过大的压板力量而失去了平衡。

当跳板被压弯至下降极限时，也就是压板结束。当跳板反弹地把两臂向上伸直的运动员向上弹起时，运动员两眼要盯住前面某些东西，即运动员的视线从跳板头转向前面某些东西的抬头动作，能在某种程度上避免起跳时身体过于前倾。

正确的跨跳是完成跑动跳水动作的基本条件，不正确的跨跳在不同程度上影响着起跳的角度、起跳高度和翻腾初速度。所以，对走板技术中跨跳的训练要引起足够的重视。

走板时易犯的错误：

（1）走板路线不直，时左时右，使跨跳步完成得不够理想。

（2）步速不均匀，甚至出现略有停顿的走板现象。

（3）完成跨跳时踏蹬腿不直、后坐、收腹。摆动腿的脚在臀部下面，或前踢勾回。

（4）跨跳步的落点不够准确，产生退板、跨跳步过小或踏出板头的现象。

（5）完成跨跳步时，两臂过早地在体前下落。

纠正走板时易犯错误的方法：

（1）在地板上画有各种步幅标记的"旱地跳板"上，反复练习走板动作。"走板"练习时特别注意上列易犯的错误动作。

（2）在画有各种步幅标记的陆上跳板上重复在"旱地跳板"的动作。

（3）在镜子面前模仿跨跳步的动作。使之正确无误，多次反复，力求形成正确的动力定型。

（4）在跳板上多次重复跑动跳水向前跳下。把注意力集中在准确助跑和跨跳上。

起跳技术

实践证明，起跳角度为5°至10°。其起跳角度大小的选择是取决于将要完成的跳水动作的性质。

完成第二组和第四组跳水动作，运动员用从容的步伐，自然地走到板端之后，两腿先后站立，向后转身，一腿向另一腿并拢在板端成面对

起跳

板立正。然后，利用前半脚掌触板的站板姿势，两臂自然下垂，头正直，躯干稍向前倾。躯干保持这样适当的向前倾斜，为正确地完成第二组和第四组的起跳和腾空时获得足够的翻腾初速度创造了极其有利的条件。第二组、第四组和立定的跳水动作的起跳角度同样是以 5°至 10° 为较合理的起跳角度。第二、第三、第四组跳水动作，如果以少于 5° 的起跳角度起跳后，运动员在空中完成基本活动或基本姿势后下降时，容易发生使身体某部分碰撞跳板的危险；如果以大于 10° 的起跳角度起跳后，会把身体远远地抛出去，这样，运动员将难于在空中完成要求的活动（或姿势）。甚至导致跳水动作的失败。

起跳时易犯的错误：

起跳角度过大或碰板。跳水初学者，甚至有经验的优秀跳水运动员也会犯这样的技术错误。例如，一九七五年第三届全运会的跳板跳水决赛时，运动员起跳角度过大或碰撞跳板的也不少，其中以男子规定动作起跳角度偏大的占总数的 41.1%。女子 301 起跳角度偏大的占 50%。在自选动作中 305 的起跳角度偏大的多，共八个动作，偏大的占五个，其中少年一个。

纠正起跳时易犯错误的方法：

找出造成易犯错误的原因。第一组、第三组、第五组跑动转体跳水主要的原因是步点不准。第二组、第四组、第三组起跳时往往追求过高的腾空高度而以接近垂直角度起跳，导致碰板的危险。第二组、第三组、第四组有些是为了害怕碰板的危险，而把身体拼命往外拉，造成起跳角度偏大。所以，纠正这些错误的基本途径应该是反复多次训练正确的走板、起跳基本功。另一方面在完成跳水动作前，应该先在大脑里把正确的走板起跳技术包括细节部分再思考一下，然后，充满信心地去完成动作。

跳台跳水由于是在坚硬的没有弹性的器械上进行，所以，跳台跳水的助跑和跨跳技术与跳板跳水的截然不同。坚硬的跳台允许以很快的速度助跑，两臂摆动要密切配合急速的跑动。跳台上的助跑有些像体操项目中跳跃的急速的助跑。跳台跳水不需要高高的跨跳，相反，其跨跳是低而快速的。因为，这能适应急剧的起跳，能充分利用向前运动的惯性，这种运动惯性为提高起跳的高度和加大翻腾的初速度创造了有利条件。

跑动跳台跳水的起跳技术有三种：两腿同时蹬离跳台；两腿依次蹬离跳台；单腿蹬离跳台。选择这些起跳技术是取决于完成跳水动作的性质（不同的组别、翻腾周数）。

第一组动作和第五组的向前翻腾兼转体的动作，都应该采用两腿同时起跳的技术。在完成这种起跳技术时，为了防止身体过份向前倾斜（冲出），在跨跳结束时必须使得两脚掌在起跳前的刹那间，在跳台前端落在躯干重心的前面。这时，两臂经下向侧上方运动，置于肩上方，使头夹在两臂之间，头向前看，这样的身体姿势能起到非常有效的"制动"作用。

第三组跑动跳台跳水动作可以采用单腿起跳或两腿依次地起跳的技术。前一种方式的起跳是完全没有跨跳的。在助跑的最后一步，即起跳时，两臂匀称地从下方向上方摆起。如果是完成直体或屈体姿势的跳水动作时，那么起跳时伸直的摆动腿往前上方踢起，两臂从体旁向上摆起至肩上方，使头藏在两臂之间，头向前看。

用两腿依次地起跳的技术，起跳时要求助跑速度逐渐加快，在跳台的近端做一腿着地、一腿腾空的变换步。做变换步时，两臂依前—上—侧—下后方的次序完成圆形运动。接着的起跳技术是和单腿的起跳技术一样。在跨跳和起跳过程中身体要直线前进。臂和腿协调的运动和两臂所摆的位置，对准确地完成跳水动作有着重要的意义。近些年来完成第三组跳台跳水动作时，多数优秀运动员采用立定的起跳，因为立定起跳动作较简单，使运动员能把注意力高度集中在起飞和完成空中活动（基本姿势）方面去，因而容易取得平衡和稳定。我国优秀跳水运动员李孔政、陈肖霞、杜度、廖师泰、钟少珍等在完成第三组跳台跳水时，都是采取立定起跳。采用立定起跳技术时，运动员从台末端走向台的另一末端成立正姿势，然后，两臂从下经体侧往上方摆起后，又经体侧落回原来位置，接着不停地向前上方摆起至肩上方，使头藏在两臂之间，与此同时，两腿同时蹬离跳台而踢向前上方。

在完成第二组立定跳水起跳时，运动员轻巧地从台末端走到台前，然后转身成用前半脚掌站台的立正姿势。然后，两臂从下经体侧往上方摆起后，又下落回原来位置，紧接着向前上方摆起，与此同时，两腿蹬离跳台，向后上方飞去。

在完成第四组立定跳台跳水动作时，运动员在台前端成用前半脚掌站台的立正姿势。身躯稍向前倾斜，头向前看。起跳时两臂经体侧往上摆至肩上方，使伸直的两手从体侧举止头上方。随即分向两侧，与此同时，用力地屈伸髋、膝、踝关节，两腿蹬离跳台，飞向空中。

跳台跳水第六组臂立跳水，要求运动员走到台前端，两手抓住跳台边沿，可用两腿先后踢起成臂立，或屈体和抬膝慢起成手倒立或分脚倒立。当成臂立时，要求运动员两腿与躯干成笔直姿势（不允许有任何弯曲姿势），并以这样的臂立姿势保持三秒钟静止之后才开始做跳水动作。

跳台跳水的起跳角度较跳板跳水的大些，起跳角一般在 10° 至 15°。

跳台跳水起跳易犯的错误，表现在完成第三组、第四组跳水动作时起跳角度偏大，这是因为运动员害怕身体某一部分碰撞跳台。即使是优秀运动员跳某些高难动作时，也会犯起跳角度偏大的错误。例如一九七五年第三届全运会上跳台跳水预赛时，跳 305 的高难度动作时，男子共跳十六个动作，有十一个动作起跳角度偏大；女子共跳十六个动作，有八个角度偏大。纠正这些错误的方法是加强起跳角度的基本功训练。

第一组向前跳水技术

对于第一组向前跳水动作（其中包括向前翻腾一周、二周至四周半动作），世界各国都进行了研究，他们认为第一组所有的向前跳水动作都有下列的共同点：

（1）向前翻腾动量都应该在跳板上获得。为了获得这些翻腾动量，在双脚离板之前就要开始翻腾，不能进入腾空阶段之后再开始翻腾。

（2）所有的向前翻腾跳水动作，起跳时身体都有一些向前倾斜，但这个前倾很小，而且变化不大。

（3）多周翻腾时，用抱膝姿势完成时，两脚一离开跳板，就马上进入紧密的团身姿势。用屈体姿势完成时，上体（头、躯干上半部）一定要在两脚离开跳板之前，而不是离开跳板之后就做下压。下压的速度和深度要根据动作要求的翻腾动量而不同。

（4）做向前翻腾一周半、两周半、三周半（屈体）跳水动作时，都要采用两手抱腿折紧的屈体姿势。因为，这样的屈体姿势翻腾得快。

（5）入水技术要精益求精。第一组跳水动作的入水质量在良好地完成了空中基本姿势（或基本活动）的前提下，取决于"打开身体"的时间和"打开身体"的方法。在正常的翻腾情况下，过早地或过迟地"打开身体"，会造成入水时"反过去"或"角度不足"。决定"打开身体"的依据，主要是运动员的视觉对水及周围环境的感觉。

总结世界各国的经验，向前跳水"打开身体"的方法有两种："两次节奏打开法"——在空中完成基本姿势（或基本活动）后，首先在充分伸直膝关节的同时，部分地伸直髋关节使髋关节仍保留有某些弯曲（这叫做第一次节奏）。然后，随着身体继续翻腾，进一步伸直髋关节（使髋关节全部伸直，这叫第二次节奏）。这样的"打开身体"的技术方法，我们叫它为"两次节奏打开法"。

"两次节奏打开法"的优点，在于允许运动员作补充的运动，进一步纠正入水前仍然存在的某些错误，同时，也便于在空中识别方位。所有这一切都为准确入水创造条件。

"一次节奏打开法"——在空中完成基本活动（多周翻腾）之后，运动员同时充分伸直膝、髋关节，使从脚尖到肩的身体伸得直直的。这种打开身体的方法叫"一次节奏打开法"这种方法的优点在于能最大限度地减低在空中急速翻腾着的身体的翻腾速度，为运动员准确入水提供有利条件。通常完成多周翻腾时采用"一次节奏打开法"。

入水前翻腾速度直接影响到入水角度。实践证明，在翻腾中，运动员从团身姿势到"打开身体"，即使全部伸直身体，这只能减缓翻腾速度，但运动员仍然是向前翻腾的。在这种情况下，为了做到垂直入水，运动员应朝着入水点，使自己伸直的身体略斜于垂直线。这个略斜的角度大小是取决于运动员与水的距离和完成的跳水动作的性质：翻腾半周或多周；脚先入水或头先入水。

入水时要求运动员一些肌肉群保持适度的紧张。无论完成任何跳水动作入水时，肩带肌肉群、腹肌和两腿肌肉群要保持绷紧状态，臀部肌肉尤其要夹紧。这一状态要保持到身体在水中下坠的运动停止时为止。如果在水下运动员不是继续地垂直地深入到池底，而是过快地改变运动方向，那么，会使两脚击打水面，溅起过多水花。在高台跳水时，这样做，容易使运动员腰部受伤。至于谈及"手抓水"（又叫压水花）和"勾脚尖"的入水技术问题，在《跳水的一般原理》一书中已有阐述了。

近代世界各国有些优秀运动员，例如曾获得第十九届奥运会跳板跳水冠军，曾先后八次取得美国跳水冠军伯尼·赖特森，在完成多周抱膝翻腾时，是采用加大翻腾轴的团身姿势：翻腾时两膝分开，头藏在两膝之间，手抱住小腿中部（目前，裁判规定分膝分得太开，扣除一、两分）。

转动惯量公式：

$J = mR^2$

$J =$ 转动惯量，$m =$ 质量（重量）

$R =$ 半径（质量与翻腾轴的距离）

假定一个人两腿重 7 公斤，当成一般团身姿势时，两腿的重心与翻腾轴的距离是 8 厘米。

根据 $J_1 = mR^2$

则 $J_1 = 7 \times 8^2 = 7 \times 64 = 448$

假如，他把两腿收成"加大翻腾轴团身姿势"时，则两腿的重心与翻腾轴的距离是 4 厘米。

根据公式 J2 = mr2

则

J2 = 7 × 42 = 7 × 16 = 112

也就是说，当在相同的翻腾速度下，如果采用"加大翻腾轴姿势"时，则比一般团身姿势时的翻腾速度快四倍。

因为：J1 ÷ J2 = 448 ÷ 112 = 4。所以，赖特森的团身姿势有下列优点：

由于头深藏在两膝之间，身体绕横轴翻腾半径（r）缩短了，则翻腾速度增加了四倍，这有利于完成多周翻腾动作。

出于翻腾轴加大了，故翻腾时的稳定性相应地增大。

由于头深藏在空隙里，运动员的视觉可不受干扰，而盯住水面或周围的物象，利用视觉作为空中识别方位，及时"打开身体"，为准确地入水提供了极其有利的条件。

直体向前跳水

跳水方式号数 101（甲）。在板端，两脚向前下方并齐蹬板。在蹬离跳板的同时，运动员的两臂向飞起方向充分上摆。利用背部、臀部肌群力量，力求使伸直并拢的两腿向后上方摆起。从蹬离跳板时起，直到飞腾的最高点时止，头要稍仰，眼向前看。头的这一姿势能增强背部、臀部肌群的兴奋性，有助于运动员在飞腾过程中充分伸直身体。沿着飞腾线上升的运动员，当身体感到向上运动的速度延缓时，迅速地做基本姿势：两臂从头上方分向两侧，位置在肩平部位，胸腹之间有某些后弯（稍挺胸）。要特别指出，在这一阶段头低下是错误的，因为低头会造成腾空时身体屈曲（髋关节屈曲）。

跳水运动员沿着飞腾线（抛物线）下降时，运动员的视觉要寻找入水点（入水点的确定是取决于运动员的身体姿势、翻腾速度和与水面的距离）。当身体下降到约与跳板平行时，两臂向上并举，头深藏于两臂之间成一直线入水。

在十米跳台上完成动作时，两臂向上并举时间，较适宜选择在当身体下降到约五米稍下位置时进行。

屈体向前跳水

跳水方式号数 101 （乙）。两腿还没有蹬离跳板时，运动员的两臂已经上摆到高于头。起跳时保持这一姿势，有助于更高地飞起。当身体飞腾到将要达到最高点时，屈髋关节，上抬臀部，使两脚尖向前移动，眼睛看住入水点，成两手触脚尖的屈体姿势，这时背部肌群要紧张有力，力图准确地完成基本姿势。由于起跳时已获得了一定的向前翻腾速度，所以，完成"打开"身体的准备入水动作应是这样：在两腿向上运动的同时，两臂、头和肩稍向前移。这样的运动能延缓翻腾速度，保证垂直地入水。当运动员的身体下降到约与跳板齐平时，开始逐渐地伸直身体，做好入水的准备。在十米跳台上完成时，当运动员的身体下降到距离水面约八米的上空，就要完成"打开"准备入水。

需要指出的是，这个姿势在伸直身体时，如果采取"一次节奏打开"方法必然会造成"翻过去"的入水。所以，应该柔和地采用"两次节奏打开"方法完成伸直身体的准备入水动作。

抱膝向前跳水

跳水方式号数 101 （丙）。运动员的两脚还没有蹬离跳板时，两臂就已经上摆到高于头部的位置。当身体沿着飞腾线上升时，头要保持正直。当飞腾到将要达到最高点时，上抬臀部，使屈曲膝关节的两腿缩向腹部，与此同时，两臂经侧下方下放，成两手抱膝关节处外侧部分的抱膝姿势。准确地完成抱膝姿势之后，要用"两次节奏打开法"迅速地"打开身体"。身体打开之后的运动员的位置要在跳板上空。这时要稍仰头，视觉要寻找入水点，两臂位置在侧平举部位。当身体下降到距离水面约二米的时候，两臂向上并举的同时，低头，使身体成一直线，垂直地入水。

抱膝向前翻腾

跳水方式号数 102 （丙）。运动员在台端几乎垂直地起跳。当两脚还没有离开跳台时，两臂已上摆到高于头部的位置。当运动员起跳后将要达到腾空最高点时，上抬臀部，与此同时，头、躯干、两臂急速地去寻找屈曲膝关节的两腿。这一运动是运动员构成向前翻腾一周的主要因素。

当运动员翻腾到头朝下，臀朝上的姿势时，就要用"两次节奏打开法""打开身体"：先伸直膝关节，部分伸直髋关节，两臂成侧平举（这一运动能延缓翻腾速度，有利于垂直入水）；随着向前翻腾，继续伸直髋关节，两臂下垂体旁，伸直身体入水。

在完成向前翻腾的过程中，运动员的头部姿势及其运动起着一定的作用。起跳时头保持正直，向前翻腾时低头，"打开身体"时仍然低头，其目的是使其"打开身体"来延缓翻腾运动的身体继续向前翻腾。当将要入水时，运动员的头正直，进一步延缓向前翻腾速度，保证垂直地入水。

在跳板上完成这个动作时，抱膝向前翻腾的基本运动，应在跳板的上空完成。当身体向前翻腾约270°时，要用"两次节奏打开法""打开身体"：两脚向翻腾反方向迅速地伸直膝关节，部分地伸直髋关节，两臂分向两侧，然后进一步伸直身体，入水。

向前飞身翻腾一周半

跳水方式号数113（丙）。在板端以双脚向前下方蹬板的起跳时，两臂要上摆到头上，头正直，眼前看，要充分利用跳板的反弹力，把蹬板后伸直的两腿往后上方抛起，这有助于在尽可能高的上空结束飞身基本姿势。当运动员沿着飞腾线飞起时，头要及时地稍后仰，头的这一动作引起背部、大腿肌肉群保持一定的紧张，有助于两腿急剧地摆起（这个动作对完成飞身跳水有特殊意义）。两臂分在两侧的直体姿势要保持到腾空最高点。当运动员上摆的两腿大大地高于头部时，约飞身半周，运动员要迅速地果断地完成抱膝翻腾动作：上抬臀部，头、两臂、躯干上半部急速地去找屈曲膝关节的两腿，使成抱膝翻腾。当翻腾到一周时，就要用"两次节奏打开法"伸直身体，准备入水。

必须指出，在跳板上完成时，其飞身翻腾的基本运动，应该在跳板上空尽可能高的地方完成。在十米跳台上完成时，当身体下降到约与水面距离八米的地方就要完成飞身翻腾的基本运动。飞身翻腾动作如果完成得干净、利落、轻巧，使观众有一种优美感，那就表演得相当成功了。

向前翻腾两周半

跳水方式号数 105（乙）。为了使运动员在尽可能高的上空完成基本动作，这就必须获得足够的翻腾动量。必须指出，这巨大的翻腾动量要在板上完成。在双脚离开跳板之前就要做下压动作，开始翻腾。屈体动作折得越紧，翻腾则越快。当运动员进入边翻腾、边上升状态下，为了克服随时产生的离心力，运动员必须用力抱住折紧的两腿。当快完成翻腾两周时，看见水面时迅速地伸直身体。当准确地找到入水点之后，两臂往头上并举，使身体成一直线入水。考虑到还有很大剩余翻腾量，所以入水时要斜于垂直线。

向前翻腾三周半

跳水方式号数 107（丙）。在跳板上完成抱膝向前翻腾三周半的动作，与完成两周半的动作一样，只不过在起跳时双脚必须更用力地向前下方蹬板。在两脚一离开跳板，就马上进入紧密的团身姿势。应该边翻腾边上升，有越翻越高的现象。在跳板上空要完成翻腾两周的动作，只有这样才能保证有足够的空间完成三周半的动作。翻腾三周半打开身体一刹那的确定，在视觉监督的前提下（看见水面），在颇大程度上是取决于运动员的前庭分析器、运动分析器和本体感受器的感觉。所以在助跑之前，先想象好即将完成的动作、翻腾周数、速度、动作节奏等等，对完成动作有很大帮助。

飞身翻腾一周半

跳水方式号数 113（乙）。在高台上完成这个动作较好。在台端两脚蹬踏离跳台时两臂必须上举高于头部。只有这样当两脚用力蹬离跳台之后，在空中运动员就成"飞身姿势"。

由于两脚用力蹬踏跳台所获得的向前翻腾动量，使运动员本身身体继续向前翻腾。当明显地做出"飞身姿势"（约飞身半身）之后，运动员急速地收缩腹肌，使成屈体翻腾，由于翻腾转动惯量（J）减少了（因为，成屈体姿势时翻腾半径缩短了），所以增大了向前翻腾速度（∞）。

当运动员翻腾一周过了一些，眼睛看到水面时，平分在两侧的两臂往头上并举，使完全伸直的身体在空中斜着准备入水。由于很大的翻腾剩余量所致，斜着的身体到入水时刚好垂直地插入水中。

第二组向后跳水技术

向后跳水像向前跳水一样，运动员获得的向后翻腾动量在他进入腾空阶段之前就已经决定了，也就是说，在跳板上由于起跳，运动员的身体获得了很大程度的翻腾动量，这翻腾动量表现为头、躯干上半部分和两臂的运动，这一动作明显地限制住腹部肌群的收缩，同时贮藏着接踵而来的脊柱运动的能动性（因为肌肉纤维伸展愈大，则收缩时所发挥的力量就越大），接着，这翻腾动量继而表现为躯干下半部和两腿向上的运动。需要指出的是，完成这样的运动，不仅为跳水运动员完成跳水动作提供了良好的肌肉工作条件，且能促使躯干下半部和两腿更快地往上送。

实践证明，运动员为了获得足够的翻腾动量而作的努力（其中包括完成不同的技术细节），还要取决于所要完成的跳水动作的性质（空中基本姿势和翻腾周数）和完成上述跳水动作时器械的高度。

起跳后，跳水运动员应该用最合理的技术来利用从跳板上所获得的翻腾动量。在解决这个问题时，运动员起跳后，或过早过迟完成相应的空中翻腾活动，或过早过迟地采用相应的空中姿势，这都会影响到保持、增加或减小已获得了的翻腾动量，因而，会过早地或过迟地准备入水。换句话说，在某种程度上影响完成跳水动作质量。

向后跳水翻腾速度的变化像向前跳水的一样，是按照运动惯性力矩守恒定律进行的。这个意味着身体的一部分与另一部分之间位置距离的增大或缩短，会相应地增大或减小身体的转动惯量 J，就会相应地减小或增大身体翻腾速度 ∞（又叫角速度）。例如，作一个直体向后跳水的动作，当起跳以后在腾空阶段时运动员本身知道自己的入水动作将是不够的。这时他可以加大他的背弓（减小了转动惯量 J），来增加翻腾速度。又例如，如果一个向后跳水的动作，翻腾的力量过大了，这时运动员可减小他的背弓，使他的翻腾速度减慢，并且向头前伸直他的双臂，使身体尽量拉长，以把翻腾速度延缓得更慢。

在空中运动员完成基本姿势或基本动作之后，开始准备入水。这准备工作应包括完成其目的在于保证正确入水的一系列的合理运动。

入水的准备工作首先是"打开身体"。向后跳水，由于是在反方向运动，所以决定打开身体是十分复杂的。其依据是取决于完成跳水动作的性质（多周还是半周，头先下还是脚先下水的跳水动作）和运动员完成基本姿势（或基本活动）后身体距离水面的高度。尽管在反方向运动状况，一般人认为利用视觉作为打开身体的依据是相当困难的，但总结世界各国优秀跳水运动员的经验，他们一致认为，视觉仍然是完成第二组跳水动作（包括倒翻腾两周半）时"打开身体"的主要依据。

第二、三组向后跳水"打开身体"方法，像向前跳水一样，也有采用"两次节奏法"和"一次节奏法"。

"两次节奏法"的方法——运动员在空中完成要求姿势后，首先伸直膝关节，使两腿成一直线，眼睛盯住伸直的两脚，同时，髋关节还有某些弯曲（第一次节奏），以后，随着身体下降继续伸直髋关节（第二次节奏），使身体完全伸直成直线入水。

"第一次节奏法"——当运动员在空中完成基本活动后，一下子伸直膝、髋关节，使身体全部伸直成一直线，插入水中。

"打开身体"后，运动员的入水技术细节，是取决于完成基本活动后身体与水面的距离和跳水动作的性质（周数；是脚先入水或头先入水等等）。

在完成头先下的入水动作时，为了利用视觉决定方位和寻找入水点，一般情况下仰头、稍挺胸的直体姿势是合理的。当运动员下降到将近水面时，应从仰头姿势变成正直，使头深藏于两臂之中入水。

在完成脚先下的跳水动作时，将要入水时，运动员的头正直，视线盯住前面某一点。

在完成向后多周翻腾时，从起跳时就获得的翻腾动量，整个空中翻腾时，即使身体完全伸直，也不会完全消失。我们考虑入水时切不可忘记这个剩余的翻腾动量，所以，每一个向后翻腾跳水的入水角，都应该稍斜于垂直角。正是这样考虑入水问题，才会使入水时垂直、干净利索，不溅起水花。

直体向后跳水

方式号数 201（甲）。运动员两臂经体前向上摆起的同时，臀部有些后坐地起跳，有力地蹬离跳板的同时，头正直，视线盯住前面某一点。随着充分伸直的身体向上飞起时，头和眼睛仍然保持原有姿势。当飞腾到将要达到最高点时，两臂从上举部位分向两侧成侧平举。与此同时，挺胸、仰头，开始用眼睛寻找入水点。当身体下降到与跳板齐高的上空，两臂往头上并举，收紧臀肌，垂直入水。

屈体向后跳水

方式号数 201（乙）。运动员以臀部后坐姿势起跳。从起跳至腾入空中，运动员头正直，视线盯住前面某一点，躯干正直。当运动员将升到最高点时，收缩腹肌，上踢伸直的两腿，在离水面较高的空中成圆背，眼睛看住两脚的屈体姿势。然后，"打开身体"。"打开身体"时，伸直的两腿力求稳住在那里（仿佛谁握住他的腿似的）。轻巧地伸直身体，身体边打开，眼睛仍然看住两脚。当身体几乎伸直时，在两臂从体旁分向头上的同时，仰头，眼睛从看住两脚，转移到寻找入水点。在整个"打开身体"的过程中，运动员是保持有点"驼背地伸直"。当运动员将要入水时，头正直，两臂并举，使头深藏于两臂之中，垂直入水。

抱膝向后跳水

方式号数 201（丙）。这个动作的起跳与屈体向后跳水的起跳是一样的，是以臀部后坐起跳。不过，在起跳和飞起时，身体保持"驼背"（胸部有些凹进去），这种"驼背式"起跳和飞起是这个动作能否正确地完成的关键。当运动员将升腾到最高点时，迅速地向前上方屈膝、髋关节，成团身抱膝姿势。从起跳至升腾入空中成团身姿势时，运动员头要保持正直，视线盯住前面某一点。"打开身体"时要采用"两次节奏法"，先伸直膝关节，然后，全部伸直髋关节。在伸直膝关节时，运动员低头，眼睛看住伸直的两脚。进一步有点"驼背地"伸直身体，准备入水的动作，是和屈体向后跳水动作一样。

向后倒翻腾

方式号数 202（丙）。在板端以后坐姿势起跳，起跳后，运动员屈膝、髋关节，用屈曲膝关节的两腿去寻找肩带，完成团身翻腾。当运动员向后翻腾到腹部向水姿势时，用"一次节奏法""打开身体"，即是向翻腾反方向一下子伸直膝、髋关节，使身体完全伸直。两臂分在两侧，能使身体在空中保持平衡。运动员的头从翻腾状态中的仰头，变为正直，视线盯住前面某一点。当准确地确定入水点之后，两臂放下体旁，垂直入水。优秀跳水运动员在"打开身体"之后，照例是让伸直的身体较长时间在空中"拖延着"之后入水，给人以优美感。

直体向后翻腾一周半

方式号数 203（甲）。运动员在板端以臀部后坐起跳，两脚以更有力地向后下方蹬踏跳板，以获得巨大的翻腾动量，飞起后躯干要保持明显的向后弯仰头，以保证在跳板上所获得巨大翻腾动量，转变为足够的翻腾速度。在空中翻腾过程中，运动员两臂完成前一上一后方摆臂后止于体旁，紧靠髋关节处，臂的这样的动作能增大翻腾速度。运动员翻腾一周半时，眼睛看见跳板再看见水，两臂从体旁分向两侧。当选定了入水点之后，两臂往头上并举入水。这个动作翻腾剩余量很大，如果将入水时力求垂直，则必然造成入水时反过去，所以，必须十分注意这一问题。

抱膝向后翻腾一周半

方式号数 203（丙）。在板端运动员用力蹬板后，收缩腹肌，上抬臀部，使屈膝、髋关节的两腿去靠紧肩带，使成团身向后翻腾，这时仰头，睁开眼睛。当运动员翻腾一周半时，眼睛看见前面的跳板时，两腿向翻腾反方向用力伸直膝关节，部分伸直髋关节，这时低头看伸直了的两脚，两手散开。然后，随着进一步伸直髋关节，仰头，用眼睛寻找入水点，两臂分开两侧。当准确无误地确定了入水点后，两臂往头上并举，垂直地入水。

也有些跳水运动员确定"打开身体"，开始时是靠教练员呼喊的信号，以后逐步才依靠视觉决定"打开身体"。运动员先看见水，后看见三米台底座，最后看见三米板时才"打开身体"。

抱膝倒翻腾两周

方式号数 204（丙）。这个动作起跳和腾空成抱膝团身翻腾时的动作要领，和抱膝向后翻腾一周半的是一样，所不同的是"打开身体"的时间。

"打开身体"一刹那取决于器械的高度、已获得的翻腾速度。起初是靠教练员的信号，以后逐步靠运动员的视觉。当运动员翻腾到四分之三周时，迅速用"一次节奏法"伸直身体。但由于剩余翻腾动量所致，在空中呈现的是斜着的身体仍然继续翻腾。只有这样，到入水时才会恰到好处以垂直角度插入水中。

抱膝倒翻腾两周半

方式号数 205（丙）。这个动作的技术要领与抱膝倒翻腾一周半的技术要领完全一样，所不同的只是在"打开身体"时的技术不同。决定"打开身体"是依靠视觉对周围物象的感觉而进行的。运动员完成了要求的翻腾周数之后，先看见水面，再看见三米板的底座，后看见三米板时"打开身体"。在十米跳台上完成时，当看见五米跳台时用两次节奏法"打开身体"："打开身体"后，眼睛看伸直膝关节的两脚（这时髋关节仍有某些屈曲），然后，仰头寻找入水点。确定了入水位置后，身体完全伸直，两臂往头上并举，将要入水时，头从后仰变为正直，深藏在两臂之间，垂直入水。

第三组面对池反身跳水技术

这组跳水动作有别于第二组同类型跳水动作的是完成起跳的性质不同，飞起时部分肢体彼此间的配合不同，入水特点也不同。在器械上为了获得像第二组跳水动作的那些翻腾动量，运动员必须首先考虑第二组所没有遇到的那些困难。其中包括在起跳与飞起时，保证运动员的反身运动不致碰到跳台（或跳板）而发生危险。要达到安全目的，在起跳时，运动员必须注意选择正确的起跳角度，必须十分仔细研究起跳时头、肩带和两臂的姿势及其运动的合理性。

直体反身跳水

方式号数 301（甲）。这是个最优美的跳水动作之一。在板端向后下方用力蹬板之后，运动员便向前上方飞起，运动员一离开跳板，两脚走在躯干的前面。随着沿飞起线升腾，运动员要完成特有的姿势：两臂上举；头、肩带向后引开。升腾到将至最高点时，两臂从上分向两侧，积极仰头、挺胸。这一动作能增大从跳板上所获得的翻腾速度。当反身翻腾到两脚高于头部位置时，眼睛从看跳板，转移为看水面。由于反身翻腾量所致，运动员继续反身翻腾。为了使身体入水时不致于反过去，这时两腿肌肉，特别是臀部要特别收紧，力求让两腿稳定在那里，以保证垂直入水。从飞起、腾空至入水的整个过程，要表演得宁静、洒脱、舒展、柔和而优美，这才是个好动作。

屈体反身跳水

方式号数 301（乙）。在板端，运动员向后下方蹬离跳板之后，并拢的两脚走在躯干前面，然后完成伸直 - 屈曲 - 伸直的协调的运动。当伸直的身体在空中升腾到一定高度时，两腿上踢使成"V"型的屈体姿势。这时头正直，眼睛看两腿。然后，用"两次节奏打开法""打开身体"。即是说，当部分伸直髋关节时，运动员的头随着身体下降时仍然低头看两脚（第一次节奏）；继续下降时，随着全部伸直髋关节逐渐仰头，用眼睛寻找入水点。当准确地判定身体处于垂直部位时，两臂向上并举，使身体成一直线插入水中。

抱膝反身跳水

方式号数 301（丙）。这个动作要求运动员具有良好的"团身打开"的技巧。完成这个动作不需要很大的翻腾速度，所以，在两脚向后下方蹬板起跳时，两臂要充分向上摆。向上飞起时要保持明显的含胸姿势。当飞腾到将到最高点时上抬曲膝的两腿，成团身姿势。在整个团身过程中，两腿上抬向胸部。

在空中团身姿势完成后，迅速用"两次节奏法""打开身体"。要求动作干净、利落、有节奏，这才是好动作。

直体反身翻腾

方式号数302（甲）。在板端，以两脚向后下方用力地蹬板的同时，运动员两臂高高举起，仰头，眼睛看上举的两手，稍挺胸。起跳时保持上述姿势能保证运动员进入空中时准确地完成动作。

运动员沿飞腾线上升，继续仰头，尽量挺胸，两臂从上举转为"反燕姿势"，由于翻腾半径缩短，加大了翻腾速度。运动员进入翻腾状态下，应继续保持仰头挺胸，以便完满完成翻腾一周。当翻腾到四分之三周时，运动员有较长时间保持"直体拖着入水姿势"。将要入水时，头从后仰转为正直，眼看前方，两臂贴紧体旁，垂直入水。

屈体反身翻腾一周半

方式号数303（乙）。完成这个动作有两个关键性技术。第一，在板端用力地向后下方蹬离跳板的同时，两臂要向上伸直，稍仰头，稍挺胸，这样的起跳姿势能使运动员一离开跳板就具有较大的反身翻腾速度。第二，当运动员上踢伸直的两腿成屈体姿势，并在空中翻腾 1.25 周时（眼睛看见水），运动员向翻腾反方向用力伸开两腿，与此同时，头从后仰变为低头，眼看两脚尖，这样的"打开身体"动作能延缓反身翻腾速度，有利于下一步准确的入水。当两腿稳住之后，运动员随着继续伸直身体，仰头。当找到入水点之后，头正直，两臂往头上并举入水。

直体反身翻腾一周半

方式号数303（甲）。这是个既优美又复杂的跳水动作。它比屈体、抱膝反身翻腾一周半要求更大的反身翻腾速度。要获得这巨大的反身翻腾速度，运动员在板端，两脚要更用力地向后下方蹬板。起跳时两臂上举，稍仰头、挺胸的身体姿势，为保证完成空中基本动作创造了先决条件。

运动员从跳板上获得的巨大的反身翻腾速度沿着起飞线没有改变，

当运动员反身翻腾到眼睛看见跳板时，开始准备入水。

在学会这个动作之前，必须先学会直体反身倒翻腾和直体向后翻腾一周半。有些运动员练这个动作时，在反身翻腾过程中产生脚击打跳板现象。这说明，其起跳还不够准确、熟练。

抱膝反身翻腾两周半

方式号数 305（丙）。这是一个难度系数很高（2.8）的跳水动作。起跳时在板端向后下方有力地蹬离跳板，运动员刚离开跳板不久，急速地上抬两腿、仰头，使成团身翻腾。由于运动员从跳板上获得了巨大的翻腾速度，所以，蹬离跳板后运动员的反身翻腾会越翻越高。当翻腾到2.25 周时，当运动员先看见水，后看见前面某一物象时，用"两次节奏法"果断地"打开身体"。

富有经验的跳水运动员，要准确地完成这个动作也感有困难，所以要跳得好，必须多次反复练习。每次练习之前，必须从起跳、腾空、入水的整个动作过程，在大脑里一幕又一幕地重现。这种想好了动作之后才跳，是这个动作成功的关键。

第四组面对板向内跳水技术

这组跳水动作与第一组同类型的跳水动作基本上相似，但第四组与第一组不同的地方还表现在成预备姿势时身体姿势不同；起跳时起跳角度方向不同；蹬离跳板后飞腾时的身体姿势不同。所有这些不同点的目的，在于创造足够的向内翻腾速度和完成这组动作时不致于发生使身体碰撞跳水器械的危险。

为使起跳处在离板（台）较近而又安全的位置上，运动员在完成这组动作的起跳时应该利用"向后坐"的动作，使自己后倾（向后移臀，而不是向后移肩）。这种"向后坐"起跳方法另一个优点是，它能为运动员做出正确的起跳创造先决条件。

屈体向内跳水

方式号数 401（乙）。运动员在板端呈向前倾的面对板立姿，然后，运动员两臂经体前上摆到高于头的部位的同时，以"向后坐"方法起跳。运动员沿着飞腾线上升时，两臂和肩带仍然控制在跳板上空。当将要升腾到最高点时，上抬臀部两臂下放，两手与伸直的脚尖相触，在空中成屈体姿势。从起跳开始保即持正直，下降时眼睛先看见跳板，然后寻找入水点。确定入水位置后，两臂和躯干上半部稍向前移，以调缓向内翻腾速度，保证垂直入水。

直体向内跳水

方式号数 401（甲）。运动员在板端呈准备姿势站板时，身体向前倾斜。在板端完成以两脚向前下方蹬板的同时，两臂充分上摆，使其高于头部位置。当运动员沿飞腾线上升时肩不要后倒，仍然控制在跳板上空，这时头正直，边向后上方升起时，边向上仰头，由于仰头能提高背部和大腿后面肌群的兴奋性，所以，运动员在空中能准确地做出挺直的美妙的直体姿势。为了确定方位和寻找入水点，运动员的眼睛开始时看板头，然后看水面某一点。当身体下降到跳板稍下的位置时，两臂往头上并举，做好直体入水的准备。

这个动作能否成功，很大大程度上取决于起跳时压板的力量和正确选择飞起方向。所以，必须重视起跳的训练。

屈体向内翻腾一周半

方式号数 403（乙）。在板端，运动员要呈倾斜的站板姿势。起跳时身体前倾，使伸直上摆的两臂和含胸的躯干上半部形成凹勾形的姿势，这样才有利于完成两脚向前下方蹬板的"后坐式"起跳，并为向后上方腾空时做基本活动创造有利条件。

有力的起跳，可使运动员获得巨大的向内翻腾速度。起跳后，在上抬臀部的同时头和肩带迅速下压，增大向内翻腾速度。在空中完成 1.25 周后，采用"两次节奏法""打开身体"，垂直入水。

抱膝向内翻腾两周半

方式号数 405（丙）。这个动作比向内翻腾一周半要求更大的向前翻腾速度，所以起跳时，两臂充分向上摆起，胸部凹勾进去的程度比向内翻腾一周半的更厉害些，以"向后坐"方法起跳，两脚向前下方蹬板动作要更用力。起跳后急速上抬臀部的同时，用头、肩带和两臂压向屈曲膝关节的两腿。在空中以风车般的速度完成翻腾的基本动作后，"打开身体"的确定不仅靠视觉，而且也要依靠本体分析器、前庭分析器和运动分析器对周围环境（风速、声音、光线……）的感受。打开身体后全部伸直身体，垂直入水。

抱膝

屈体向内翻腾两周半

方式号数 405（乙）。用屈体姿势完成向内翻腾两周半比用抱膝姿势完成更困难。因为屈体翻腾半径比抱膝翻腾半径大，因而屈体姿势比抱膝姿势要从跳板上所获得的翻腾动量要大得多。所以，在起跳时，两脚向前下方压板要用猛力，完成屈体翻腾动作时要完成得更果断、坚决、有信心。翻腾时抱腿折体动作要扣得紧密才行。

在完成这个动作时，不要过分靠近板头，以免翻腾时两脚击打跳板，但切不可因怕击打跳板而过远地向后拉开，致使无法完成向内翻腾动作。所以，起跳时要把注意力高度集中在正确选择飞起方位上。

第五组转体跳水技术

这组所有的跳水动作的转体动作都是在获得相应性质的翻腾速度的情况下开始的。所以，完成这组动作中的任何不同方向的跳水动作（向前翻腾或向后翻腾，或反身翻腾或向内翻腾）的开始方法，同所有的相应翻腾跳水动作基本上是一样的。还有，运动员不可能在进入腾空阶段之后才开始翻腾，那么导致翻腾的所有动作必须在双脚离开跳板之前就得表现出来。

尽管不同方向的翻腾动作的所有技术细节有所不同，但是，要获得足够的翻腾速度情况为条件，尽可能早点开始转体动作是合理的。因为，转体开始得越早，跳水的转体动作就完成得越早。这样能在距离水面较高的上空开始准备入水，为垂直入水提供有利条件。所有转体动作的入水技术，基本上相似于同类性质的跳水动作。

直体向前转体半周

方式号数 5111（甲）。起跳技术是完成这个动作的关键。起跳时两脚必须斜着（右脚在前，左脚在后同时着板）在板端右侧蹬板。根据作用力与反作用力原理，这样的斜着蹬板技术，会使运动员在空中边升

转体

腾，边出现角度不大的绕纵轴的转体动作。当运动员将升腾到最高点时，随着身体继续绕纵轴转动时两臂分向两侧。由于完成转体半周所需要的不大翻腾速度和转体量，完全可以从跳板上获得，所以两臂分开在两侧的主要作用是在身体转动时维持身体平衡。其次，当运动员在最高点时，两臂分开两侧能加速转体动作的完成，使其能在离水面尽可能高的上空完成向前转体半周。这样，运动员有充分时间完成入水的准备工作。并且，必须注意两臂分展成反燕式的动作要完成得舒展、幅度大、轻盈优美。

从最高点到入水之前，运动员的眼睛都要看住入水点，在完成转体半周的整个动作过程中，运动员要保持适宜的仰头姿势。

另一种转体半周技术：当运动员两脚并齐在板端完成蹬板的起跳时，运动员的两臂并举于头上方。当运动员沿飞腾线将要上升到腾空最

高点时，开始做转体半周动作。运动员的右臂向着入水点的方向平稳地下沉，眼睛看住入水点，与此同时，左臂伸直引向后侧方，两臂一前一后拉开胸腹肌群的运动，使运动员完成转体半周的动作。这种转体方法完成的质量较差，往往是转体半周完成后，运动员的身体已将近下降到水面，然后匆忙地入水。

无论用何种方法转体，当身体转动成背部向水时，当准确地判定自己已下降到并举两臂的位置时，头从后仰状态变成正直，深藏于两臂之中，垂直入水。

直体向前转体一周

方式号数5112（甲）。运动员两脚在板端斜着压板（左脚在前，右脚在后，同时压板）的同时，两臂上举于头部，视线盯住前面某一点。当蹬离跳板后，左手经侧面下放，不停留地转换方向，向右肩方向上摆到与右手相触。左臂这样的做"椭圆形"挥摆，加速使运动员身体绕纵轴转动成侧卧姿势。接着完成转体一周动作的实现是依靠右臂、右肩向转体方向后拉，头也及时地转动。头的姿势和转动为准确地完成这个动作起着重要的作用。当运动员飞起时头正直，当运动员身体转成侧卧时，头仍然正直，盯住前方某一点，这对确定方位创造了良好条件。当头的正直姿势开始障碍着进一步转体时，运动员的头迅速地向转体方向转动，像做芭蕾舞旋转时转头动作一样，并使这一转动超过了身体的转动，用眼睛盯住水面某入水点，以作空间定向的根据。当完成转体一周时，两臂要平稳地分在两侧成侧平举姿势。然后，进一步往头上并举，伸直身体入水。

如果运动员向另一方向转体也可，则运动员向相反方向完成向前转体一周动作，其动作要领完全一样。

向前翻腾一周半转体一周

方式号数5132（丁）。准确地完成这个十分复杂的跳水动作取决于运动员从跳板上所获得的向前翻腾速度和运动员的果断品质。这个动作要完成得好，应该早转体。当运动员一旦开始了向前翻腾动作就开始转体。就是说，当他的双脚刚一离开跳板就开始转体。转体开始得越早，跳水的转体动作就完成得越早。这样能使运动员早一些完成基本运动，确保获得一个较长的入水时间。

运动员在板端两脚用力压板之后，身体在两臂分在两侧的屈体姿势中离开跳板，这时低头、提臀。当运动员进入腾空阶段时马上做如下动作：A. 向上踢腿并"打开身体"，使躯干成一直线；B. 向右转体，C. 两臂靠紧身体。

上述三个动作要在同一时间内完成。两臂靠紧身体的转体动作方法是这样——右臂屈曲往头后方引开，而左臂向转体方向果断地完成屈肘于胸前的挥臂动作。只有身体保持严格伸直，头正直，这才有利于绕纵轴的旋转（转体）。

在空中运动员既绕纵轴旋转，也要绕横轴翻腾。将要完成转体一周时，运动员利用肌肉活动条件的改变，调整了转体与翻腾的速度。就是说，身体急速地屈髋关节的同时，两臂分向两侧的屈体姿势，大大地限制了转体，因而，加大了已获得了的向前翻腾速度。应该在距离水面三米高的空中结束翻腾兼转体的基本运动。然后，伸直身体，两臂上举，垂直入水。

向前翻腾一周半转体两周

方式号数 5134（丁）。这个动作要领与 5132（丁）跳水动作相似，但其最大的区别，在于随着转体周数的增加，向前翻腾速度也必须从一开始就增加。因为，A. 鉴于转体周数增加了，其直体姿势（利用该姿势进行转体动作），必须要保持在所需要的延长时间内，这个直体姿势便在较长时间里减缓了向前翻腾速度。B. 向前翻腾速度越快，转体就越快。要获得这个在跳板上增大的翻腾速度，一方面在起跳时（脚未离开跳板）千万不要抬头（要低头），不要为身体能否弹起来而担心，只要动作开始正确：提臀、低头，那么身体肯定会充分地弹起来。另一方面，两脚压板时要更用力，当进入空中转体时，两臂从分在两侧形态变为在胸前头上的收紧在体旁的动作，要做得更果断有力。至于做 5136（丁）、5138（丁）。运动员在完成转体的周数之后，才开始折腰做准备入水的动作。

向后翻腾一周半转体一周半

方式号数 5233（丁）。这是个比较复杂的跳水动作，因为运动员背对水情况下既要完成绕横轴翻腾，又要完成绕纵轴转体动作，这就不是轻而易举的事了。所以，在学习这个动作之前，必须先学会"直体向后翻腾一周半"和"向后翻腾一周半转体半周"的动作。

在板端完成这个动作时，运动员所获得的向后翻腾速度，必须从跳板上开始，而不是在两脚离开了跳板之后才进行。为此，在板端利用手臂上举、挺胸、头后仰，并用两脚向后压板的方法来获得向后翻腾速度。运动员在蹬离跳板的一刹那，要有向纵轴旋转的动向，当运动员两脚一离开跳板之后，在获得向后翻腾速度情况下，头正直，躯干正直，与此同时，运动员利用上举的两臂做合理的转体运动：一臂向头的后方屈曲挥臂（握拳做得有力），另一臂在头前屈曲挥臂。这样，大大地加快了转体速度。当转体过了 1.25 周时，运动员的两臂由上向下和谐地后摆，同时屈曲髋关节。运动员这一及时的屈体姿势，既结束了身体绕纵轴的旋转（转体），又增大了绕横轴的翻腾速度。运动员的准备入水动作是利用视觉寻找入水点。当运动员有把握地垂直入水时，两臂上举入水。

向后翻腾一周半转体两周半

方式号数 5235（丁）。这是一个高难度的跳水动作，没有完成 5233（丁）的经验，就跳不好 5235 这个动作。

要完成这个动作，运动员上板前必须仔细地把正确完成整个跳水动作过程在大脑里重现一次，然后在陆上做相应的模仿动作。经过这个步骤，完成动作才会显得较有把握和信心。

在板端起跳时的要领，基本上与完成 5233（丁）一样，所不同的是从跳板上所获得的向后翻腾速度要更快些，这样能保证转体动作做得更快。为此，在板端压板起跳时要更用力，两臂上举、仰头、挺胸更积极些，但是，在获得向后翻腾速度状况下，头从后仰要变为正直，挺胸的躯干也要伸直，运动员只有保持头正直、严格的伸直姿势，才会成功地完成转体两周半的动作。

反身转体半周

方式号数 5311（丁）。运动员在板端两脚斜着（右脚在前，左脚在后）向后蹬离跳板时，两臂要上举，稍仰头、挺胸。这样的起跳姿势，使运动员在蹬离跳板之前就已有了转体动向。当沿飞起线上升，运动员的两脚要走在躯干的前面。运动员继续升起的同时，边绕纵轴做转体动作，左臂下沉，并向左后方拉开，右臂自然伸直，这样才能更好地完成转体半周动作。在转体过程中人体的头，始终要保持稍仰，注意挺胸。因为，头的上仰会提高背部和大腿后面各肌群的兴奋性，这有助于准确地完成转体半周动作。

当运动员直体姿势开始下降时，眼睛要看住跳板头，整个垂直入水动作要完成得从容不迫、柔和、舒展、大方。

反身翻腾一周半转体半周

方式号数 5331（丁）。这个动作既要向后翻腾，又要转体，又要克服发生击打跳板的危险，所以，完成这个动作会遇到较多的困难。年轻的运动员开始学习这个动作时因怕击打跳板而较远地抛离跳板。

这个动作反身翻腾速度应该从跳板上开始。如果运动员两脚离开了跳板之后，才获得反身翻腾速度，就会使动作失败。

在板端，运动员斜着（右脚在前，左脚在后）向后蹬板时，两臂上举，稍仰头、挺胸。当运动员从跳板上获得反身翻腾速度的状况下，离开跳板，边向上飞起，边绕身体纵轴旋转（转体）时，右臂自然向上伸直，左臂下沉。

当运动员转体半周将要完成抬臂的同时，用两臂、躯体上部分急剧地寻找屈曲的两腿，使成抱膝翻腾。

完成这个动作时，切忌犹豫不决，否则，动作不仅反弹不起来，而且会发生撞跳板的危险。

反身翻腾一周半转体一周半

方式号数 5333（丁）。完成这动作比完成上一个动作更困难。所以，表上这个动作的难度系数较大。完成这个动作时，运动员一旦离开了跳板，并开始了反身翻腾，该跳水动作的技巧和技术就几乎和向后翻腾一周半转体一周半（5233）跳水一样了。

反身跳水和向后跳水的两个区别在于开始翻腾和入水的方法有所不同。

完成反身翻腾一周半转体一周半跳水动作时，从跳板上开始的反身翻腾动作就和做直体反身翻腾一样；两臂做圆形后摆、挺胸，以及向后蹬离跳板。转体动作也是从跳板上开始的。完成准确的跨跳后，在板端，两脚向要转体的反方向斜着向后蹬板，躯干所做的转体动作与两脚蹬离跳板的方向相反。

由于斜着向后蹬板，运动员一离开跳板，身体绕纵轴的转体量就已经很大了。当进入腾空阶段，随着把挺胸的身体伸直，摆动臂（处在下面的那只手臂）由体侧上举并拉向右后，另一只手臂从上向体侧右下方运动。这两只手臂运动所造成的使身体绕纵轴转体量大大地加强了，所以，运动员的转体动作就会相当快地加速起来。

这时候，以直体姿势同时绕两个旋转轴向反身方向进行。就是说，既绕横轴向反身方向翻腾，也绕纵轴向右转体。当完成转体和完成反身翻腾半周之后，要做一个深度的打开屈体姿势。这一姿势缩短了翻腾半径，因而大大地加速了翻腾，同时也会完全停止转体。这时候入水方法与屈体向内翻腾一周半相同。

完成这个动作时一定要记住这几个要领：

（1）一定要从跳板上起跳时就做转体和翻腾动作。

（2）当两臂向体内靠拢做转体动作时，将挺胸的身体伸直，以便加速转体。

（3）完成转体以后，要果断地做深度的打开屈体动作，以便停止转体动作并加快翻腾动作。

反身翻腾一周半转体两周半

方式号数5335（丁）。完成这个跳水动作要比完成反身翻腾一周半转体一周半跳水动作所需要的翻腾力大一些。因为，完成这个动作，需要转体二周半，运动员的身体必须成直体姿势的空中转体。要达到这个目的，运动员在板端以两脚朝转体的反方向斜着向后下蹬板时的蹬板力要大些，与此相应的挺胸动作要积极些。

除此之外，在身体进入腾空状态下，两臂靠拢体侧做获得补充转体量的转体动作，"反身翻腾一周半转体二周半"跳水动作要比"反身翻腾一周半转体一周半"跳水动作完成得更有力、更协调些。

除以上两个不同之外，这两种跳水动作的技术和技巧都是一模一样的。

第六组臂立跳水技术（跳台跳水）

跳台跳水才有这组动作。这组动作的预备姿势是在台端成三秒钟静止的臂立。运动员可以随便步行至台端，蹲下，五指散开握着台沿，以两臂支撑成倒立姿势有多种多样方法：可用两腿依次向上摆起；又可以两腿一齐摆起；又可以两腿团缩慢起或屈体慢起。其选择的方法是取决于跳水运动员身体条件及其训练程度。

需要指出的是，倒立质量对于将要完成跳水动作的印象和评分有一定的影响。所以，要有信心地、准确地、优美地做好倒立动作。技艺高超的跳水健将，总是采用慢起屈体两腿左右分开，然后两腿轻巧地拼拢起的手倒立。在完成慢起倒立的整个过程中，要协调、稳健、准确而优美，不要出现一阵阵的颤动。

研究全部的手倒立跳水动作指出：全部臂立跳水动作（臂立向前跳水除外）要从跳台上获得转向不同方向的翻腾速度，即是说，当运动员两手离开了跳台之前他已经获得了向不同方向的翻腾速度。

在完成手倒立之后倒下时，要为将要完成的任何跳水动作创造最有利的活动条件。

臂立向前跳水

方式号数610。这是个比较简单的动作。运动员在台端成臂立后，利用两臂推移身体，使身体重心越出支撑面范围。当运动员离开跳台下降时，夹紧臀肌，绷紧身体，保持严格的挺直姿势，垂直入水。为了不溅起任何水花，采用"压水花"入水技术。

臂立向前半周跳水

方式号数611（甲）。当运动员成臂立后，有支撑地向前翻腾到四分之一周时，头稍低垂。当运动员向前翻腾到离开了跳台时，运动员两臂侧平举，头仍然稍低垂，肩带有些后引。当运动员下降到距离水面三米高度的位置时，头从稍低垂变为正直姿势眼向前看，两臂下放，紧贴体旁垂直入水。用"勾脚尖"踩入水的技术，防止溅起水花。

臂立翻腾一周

方式号数612（乙）。这个动作可以用直体、屈体或拖膝姿势完成，这里只分析屈体臂立翻腾一周的动作。

臂立姿势稳定三秒钟后，低头后倒。当运动员后倒到接近水平位置时，两臂轻轻推离跳台，仍然低头，同时屈体翻腾，两臂分在两侧，成两臂侧平举的屈体姿势。

当运动员边翻腾边下降到距离水面约七米的位置时，眼睛看住入水点，开始准备入水。

入水前，两臂上举，头深藏在两臂之中，用"压水花"入水技术，垂直入水。

臂立翻腾两周

方式号数614（丙）。这个动作需要获得较大的翻腾速度。这个翻腾速度必须从跳台上获得，所以，当成臂立姿势后的身体后倒时，运动员要稍后挺后并紧接着收腹，只有这样的先挺后收直体姿势，才能在推离跳台的刹那间从跳台上获得较大的向前翻腾速度。在获得向前翻腾速度的前提下，运动员用两臂去寻找屈曲膝关节，成团身翻腾。在空中团身翻腾过程中团缩得越紧密，翻得就越快。翻腾到1.75周时，用"一次节奏打开法""打开身体"，入水。

臂立中穿翻腾跳水

方式号数633（丙）。台端成笔直的臂立后，整个笔直的身体姿势往前移，直至身体离开了跳台时，屈髋、膝关节，成"团身"姿势的两腿往两臂间穿过头后仰。要利用推离跳台刹那间的力量获得反身翻腾速度，就是说，在跳台上已完成了翻腾半周。以后的半周翻腾是"起跳"时所获得的翻腾速度所致。当翻腾完成到四分之三周时，用"一次节奏法""打开身体"，头正直。伸直身体，用"勾脚尖"踩入水技术入水。

控制入水技术

腾空时身体姿势的控制

在腾空阶段控制身体姿势，最重要的是对翻腾速度的控制，就是翻腾的加速和减速，这主要是身体围绕着翻腾轴（旋转轴）的转动惯量的增加和减少。翻腾的力量是不变的，但是身体翻腾半径缩短可以加快翻腾速度，相反翻腾半径增长可减慢翻腾的速度。

1. 纠正翻腾"不够"的动作

作一个直体向后跳水的动作，当起跳以后在腾空时运动员本身知道自己的入水动作将是"不够"的，这时他可以加大他的背弓（减少了翻腾的阻力矩）来增加翻腾的速度。同样道理在作一个向前屈体跳水动作翻腾不够时，也可使屈体折叠得紧一些，达到增加翻腾动量的作用。

2. 纠正翻腾"过多"的动作

如果一个向后跳水的动作翻腾的力量过大了，这时运动员可减少他的背弓，使他翻腾的速度减慢，并且向头前伸直他的双臂，使身体尽量拉长（增加翻腾的阻力矩），这种方法能运用到较复杂的动作中是同样重要的。例如，作一个抱膝向前翻腾1周半的动作时，运动员离板以后，知道自己翻腾速度太慢时，就要尽可能使抱膝的时间长一些，并且将两膝略平分开来，将头团在两膝之间，使身体团得更紧一点。这种加大翻腾轴的团身姿势，将加快了翻腾速度。如果起跳以后翻腾的速度太快了，那就将身体打开一些，即可减慢一些翻腾的速度。在转体的动作上也是同样的道理，例如，做5132（丁），开始作转体动作时，当双臂向身体收紧时，转体的速度即增加，当两臂向两侧伸直时，转体的速度即减慢。

入水时身体姿势的控制

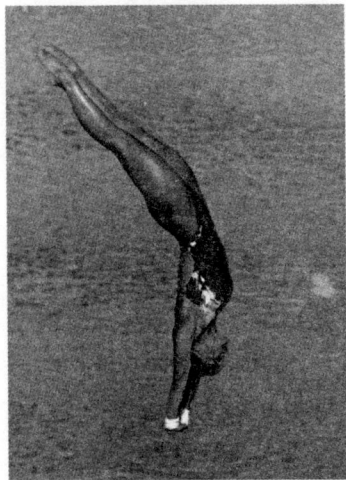

入水

当运动员完成向后翻腾的入水动作翻转多了时，运动员可在水浸没到膝关节时屈小腿，这样可使裁判员看到腿入水是垂直的动作。要做的恰如其分，人们就看不出有翻过的动作。

在入水刚'将要有翻过的动作，上体在水下即开始向翻腾方向翻转，并且弓后背。在水中双臂向后"刨水"，继续向上翻转，水到膝时略屈小腿，让小腿垂直于水面。

在完成"直体向后翻腾一周半"入水阶段不使用控制身体的技术几乎不可能，如果在入水前感觉到使翻转的动作略"过一点"，马上作一个必要的、适当的控制，这样入水的动作会显得更好看一些。

控制向前跳水动作的身体姿势

在向前跳水动作的腾空阶段时，可利用增加和减小背弓的方法来控制翻腾速度。例如，一个"飞燕"动作在腾空阶段即可使用这种方法来控制翻转的速度。

用"滚翻"的方法控制向前翻腾入水的动作，例如，向前翻腾两周半的动作，入水时略有一点"翻过"了，这时运动员可在上体入水后作一个屈体滚翻的动作来控制身体姿势。

（1）开始屈髋，向后收大腿，使大腿成垂直的姿势，并且向翻腾的方向"滚翻"。

（2）在水下继续滚翻成屈体姿势，使腿入水的动作成垂直的姿势。

当大腿到水面时可作适当的收腹屈髋的动作。这样可使观众和裁判员看到运动员腿入水是垂直的姿势。

脚先入水的动作身体姿势的控制

跳水规则规定，脚先入水的跳水动作，在入水时必须双臂在身体两侧，因此，在腾空时使用控制身体的技术就受到一定的限制。

在完成所有向前翻腾脚先入水的动作中，在入水前如果翻转的力量做的略显不足，那么运动员在入水时根据入水角度的情况适当的增加些背弓，使身体垂直入水，这种技术是很合理的。如果略过了一点，这时唯一的办法，就是在脚一入水面后，马上把两脚前后分开。正是在这种情况下，这是挽救办法的最后一招，但这种技术是较难掌握的。

腾空阶段使用"作用力反作用力"的控制方法

在腾空阶段时，两臂向前或向后方旋转，这样就会对身体产生一个与臂旋转方向相反的力量，这就是作用力与反作用力的作用。

（1）用双臂绕环的方法控制身体姿势

例如，做"飞燕"动作时，运动员将要有些入水"不够"时，他可以将双臂向上、后、下绕环，使得他翻转力加大，因而入水动作较垂直。

在向后翻腾的动作中使用"作用力与反作用力"的方法是很重要的。例如，在做向后抱膝翻腾一周半跳水动作时，运动员翻腾以后打开身体准备向后入水时，将两臂向头前挥摆，这样在腿上就产生一个与翻腾方向相反的力量，来控制住腿不再翻转（这个力量可使腿不再继续翻转，使身体在颇大程度上不翻转保证垂直入水）。

（2）用屈体打开的方法控制向后翻腾的入水动作

在做第二组的屈体半周动作中，身体由屈体打开时在腿上产生一个与身体翻转方向相反的力量，使身体减少继续翻转的力量。在做抱膝向后翻腾一周半（或是反身翻腾一周半）时，也可以用这种力量来控制入水动作：在展体时，由抱膝先做成屈体姿势，再展开身体入水即是"两次节奏打开法"。

"压水花" 入水技术

近代世界跳水运动比较先进的国家都广泛采用"压水花"的先进入水技术。

头先下"压水花"的入水技术，又叫"手抓水"或叫"手翻掌"入水技术。

根据现有资料和纵观国内外所有优秀跳水运动员的入水动作，"压水花"的入水技术五花八门，各式各样，但根据两臂的位置和两手的姿势一般可分为四种：

1. 运动员身体下降到头与水面还有一米距离时，运动员在头上伸直的两臂互相靠近，两手之间保持有 10 至 25 厘米距离。当身体下降到使两手指尖将要触水时，翻掌、五指散开，掌心朝水，像用五指抓水一样插入水中。用这种"压水花"技术入水时，只见入水点处涌起一圈泡沫状水珠层较大而厚，而且发出像撕纸的有趣的响亮声音。

2. 运动员身体下降到头与水面还有一米距离时，当运动员在头上伸直的两臂互相靠近，使两手虎口部位紧密地并拢在一起。当身体下降到使两手指尖将要触水面时，翻掌，五指散开，掌心朝水，像用五指抓水一样插入水中。用这种"压水花"入水技术入水时，入水点处涌起一圈水珠层厚度适中，水珠层圈也不很大，伴之而来的是听到"簇"的一声，给人以清晰、和谐的感觉。

3. 运动员身体下降到头与水面还有一米距离时，当运动员在头上伸直的两臂靠近，两手半重叠。当身体下降到使两手指尖将要触水面时，翻掌，五指第一、两指节屈曲成掌心朝水的"抓水状"，插入水中。用这种"压水花"技术入水时，只见入水点处涌起的一圈水珠层较薄、圈细，"簇"的响声较小，给人有一种娇小玲珑、花朵片片的美感。

4. 运动员身体下降到头与水面还有一米距离时，当运动员在头上伸直的两臂靠拢，两手完全重叠在一起。当运动员身体下降到使两手指尖将要触水面时，翻掌，使掌心朝水，插入水中。用这种"压水花"技术入水时，只见入水点处涌起的水珠层更薄、圈更细，给人看了，会产生一种在恬静的水面泛起朵朵梅花的美感。

向前入水滚翻压水花技术

跳水入水压水花技术之一。动作过程为：身体以接近垂直的角度开始入水，在掌心即将触水的一瞬间，伸臂拉长身体，同时伸直肘关节夹紧头部。当躯干进入水中时，低头、弓背、分臂划水，两臂贴体侧。当身体全部进入水中时，迅速屈髋做滚翻动作。

向前入水到底压水花技术

跳水入水压水花技术之一。动作过程为：身体以接近垂直的角度开始入水，在掌心即将触水的一瞬间，伸臂拉长身体，同时伸直肘关节夹紧头部。当躯干进入水中时，分臂划水，两臂贴体侧，身体沿着翻腾方向继续下潜到底。

向后入水压水花技术

跳水入水压水花技术之一。动作过程为：身体以接近垂直角度开始入水（但两臂应与水面垂直），在掌心即将触水的瞬间，迅速向后带臂，拉长身体，同时伸直肘关节，夹紧头部。当躯干进入水中时，分臂划水，两臂贴体侧，身体沿翻腾方向做较大幅度的翻转。

总之，"压水花"时手型的变换，继之而来出现的水珠层多种多样，变化莫测，声音的清脆、感人肺腑，就像春天的大花园里盛放着各式各样争奇斗艳的鲜花，使我们观看者感到一种美的感受，从而认为跳水也是一门艺术。

运动员技术等级标准

运动员技术等级标准

1. 国际运动健将

（1）获得奥运会跳水比赛第 1 至第 8 名的运动员

（2）获得游泳世界锦标赛第 1 至第 6 名的运动员

（3）获得世界杯跳水比赛第 1 至第 4 名（个人项目）的运动员

2. 运动健将及以下各等级标准

标准 项目 \ 级别	运动健将	一级	二级	三级	少年级
男子一米跳板	530 分	460 分	160 分	90 分	50 分
女子一米跳板	420 分	360 分	140 分	90 分	50 分
男子三米跳板	540 分	470 分	165 分	95 分	55 分
女子三米跳板	430 分	370 分	145 分	95 分	55 分
男子跳台	500 分	420 分	165 分	75 分	55 分
女子跳台	360 分	310 分	145 分	75 分	55 分

PART 7　裁判标准

裁判员的组成与分工

跳水运动设裁判长 1 名，副裁判长 2~3 人，评分员 6~8 人，记录员 4 人，报告员 2 人，检录员 1 人，公告员 1 人，如果采用电子评分装置，则记录组需增加 5~6 人。

裁判组组成

（1）裁判组应包括裁判长裁判员和根据规则规定的由裁判长指定的助手。

（2）在奥运会、世界锦标赛和世界杯赛中，单人项目应指定 7 名、双人项目应指定 9 名经国际游联批准的裁判员担任比赛的裁判工作，其它比赛可用 5 名裁判制。必要时，可在同一项比赛中使用两组裁判员，每组最多裁定 3 轮动作，并尽可能裁定相同数量的动作。

（3）双人跳水比赛应有 9 名裁判员，其中 5 人评定两个人同步情况，4 人评定动作的完成情况。在评定动作完成情况的 4 名裁判员中，应由两人评判某一名运动员，由另外两人评判另一名运动员。

（4）所有被指定为担任奥运会、世界锦标赛和世界杯赛的裁判员，必须至少在上年度担任过 4 次国家级或国际级比赛的裁判工作。

（5）在奥运会、世界锦标赛和世界杯赛中，如果允许，裁判组应由与参加决赛运动员不同国籍的裁判员组成。

（6）在奥运会、世界锦标赛和世界杯赛中，应用电子装置同时显示各裁判的给分及运动员的实得分。还应配有能够分析裁判员评分的计算机软件。

（7）裁判长应将裁判员的位置分别安排在跳板或跳台的两侧，如果条件不允许，则可将裁判安排在一起。

（8）裁判员位置安排好后不得更换（除非是裁判长提议或在特殊情况下）。

（9）裁判员的位置应有明显的识别号码。

（10）比赛记录表应由两个独立的记录组分别保管。

（11）运动员完成每个动作后，当裁判长发出信号，各裁判员应立即同时以最明显的方式显示自己的给分，不得相互交换意见。如果使用电子评分装置，裁判员应在动作完成后立即给分。

裁判组分工

裁判长

裁判长负责全面工作，副裁判长负责后台记录组或前台分组的工作。根据大会竞赛日程制定学习计划，通过学习与实习后，进行裁判总结工作。

评分员

根据竞赛规程、规则掌握评分标准，做到认真、负责、公正、准确，评分时应果断，要对技术做全面分析，不受外界干扰，有错必纠，以独立思考进行每一个动作的评判，最后按动作的 6 个阶段给分：

（1）失败：0 分

运动员所跳动作与报告号码不符者，裁判长发出警告后超过一分钟仍不起跳者，跑动、立定或臂立跳水第二次仍不成功者。用单足起跳或在板上连续弹跳者，入水时身体平置或臂先入水时转体不足或超过 90°者，甚至依靠别人帮助完成动作者均为零分。

（2）不好：0.5～2 分

动作接近失败，空中姿势与报告姿势明显不符。入水或转体角度不足或超过 70°以上。

（3）普通：2.5~4.5分

从走板起跳至空中姿态及入水等各个技术阶段都存在明显的缺点，甚至严重的缺点，如身体边打开边入水，入水角度或转体角度不足或超过40°~70°，空中姿势部分改变，脚入水时，双手上举过头，或部分姿势和报告姿势不符，起跳碰板（台），抱紧两膝分开超过身体宽度等。

（4）较好：5~6分

起跳和空中连接及入水等动作基本能够完成，但不够协调，并在部分技术上有明显缺点，如入水或转体角度不足或超过40°以内。

（5）很好：6.5~8分

起跳有一定高度，动作规范，连接技术合理，但部分技术尚有缺点，虽然入水准备较充分，但入水或转体角度不足或超过20°以内。

（6）最好：8.5~10分

起跳充分，有一定高度，连接动作高飘，空中姿势优美、规范（按规则中直体、屈体、抱膝、转体的要求），有充分的准备入水时间，入水角度垂直（不足和超过10°之内，包括转体），压水花技术好。如有轻微缺点可评8.5~9.5分，如动作完美无缺则评10分。

记录员

赛前应清点所用文具及表格，并与负责检录、广播、公告的工作人员密切配合，准确、迅速、清楚地计算出每一个动作的得分及累计分，以填平补缺的办法计算出每个动作的总和，最后再查对数据，计算出该运动员该动作的实得分。

报告员

在跳水比赛的整个过程中，要及时进行宣传，赛前要熟悉运动员名单，比赛顺序和动作顺序。运动员做完每个动作后，要即刻报分，并宣告实得分数，最后宣告参赛运动员名单及成绩。

检录员

检查场地器械及运动员的出场顺序，提醒运动员应注意的事项，鼓励运动员充满信心进行比赛；预赛前带领运动员入场，决赛后带领运动员领奖。

公告员

准备好公告牌，及时准确地将成绩公布给观众，让运动员与教练员能清楚地看到成绩。

裁判员的评分方法及原则

单人评分方法及原则

（1）所有的动作应由运动员本人独立完成，不能在他人的帮助下完成，但可以在两个动作之间进行指导。

（2）向前起跳时采用助跑或立定，要由运动员本人自定。

（3）运动员站立在跳台或跳板前端时，就被认为是立定跳水的开始姿势。

（4）当两臂开始摆动时，即动作开始。

（5）立定跳水时，运动员在起跳前不得在板上弹跳，否则裁判长宣布动作失败。

（6）在做向后跳水时，双脚稍离板不作为弹跳，而作为无意动作，裁判员可酌情扣分。

（7）助跑跳水的开始姿势，应从运动员准备迈出第一步算起。

（8）助跑应平衡，果断，路线直。

（9）运动员起跳助跑少于四步或在助跑途中停顿再跑，裁判长应从每个裁判员的给分中各扣除2分。

（10）跳板跳水起跳时必须是双脚同时起跳，否则裁判长宣布动作失败。跳台跳水可单脚起跳。

注意：在比赛中裁判长宣布"动作失败"给0分的有下列情况。

（1）运动员在跳动作之前准备时间过长，裁判长发出警告之后，超过一分钟仍不做动作。

（2）运动员所跳的动作号码与宣布的不符。

（3）运动员在完成动作时得到他人的帮助。

（4）从跳板上单脚起跳和立定跳水时，在板端连续弹跳。

（5）跑动或立定跳水时，第二次重新开始仍没有成功。

（6）立定起跳双臂开始摆动后，或助跑跳水助跑开始后，又重新开始做动作。

在比赛中裁判长宣布最多得 2 分的是运动员跳水姿势与所报姿势明显不符，裁判长在向裁判员发出亮分信号前，必须重新报告此跳水姿势并宣布这个动作最高得分为 2 分。如果某位裁判员的给分仍高于 2 分，裁判长宣布该裁判员给分为 2 分。

裁判长宣布最多得 4.5 分是运动员做脚先入水动作时，如单臂或双臂上举高于头部，裁判长宣布该动作最多得分为 4.5 分，如果某位裁判高于 4.5 分，裁判长则宣布该裁判的给分为 4.5 分。

裁判员在比赛中给 0 分，是因为运动员所跳动作与宣布动作号码不符。尽管裁判长没有宣布动作失败，裁判员可判 0 分。运动员的姿势与宣布的姿势明显不符，裁判长可宣布最多给 2 分。

裁判员最多给 4.5 分的是：

（1）所跳姿势有部分与宣布的不符。

（2）脚先入水的动作，单臂或双臂高于头部。

裁判员在比赛中根据自己判断扣 1 分的情况如下：

（1）做屈体和抱膝姿势时两膝和两脚分开。可扣 1~3 分。

（2）臂立动作不稳定。

（3）入水时单臂或双臂姿势不正确。

裁判员对在向后起跳时，两脚轻微离开跳板和完成动作时运动员碰板或跳离中心线，要酌情扣分。

双人评分办法及原则

双人跳水比赛是新设的项目。双人跳水比赛裁判组有 7 名裁判员组成，其中 3 名裁判员评判双人的配合，同步性，其余 4 名裁判员评判动作的完成质量。评判动作完成质量的裁判员中的 2 名裁判给其中一名运动员打分，另 2 名裁判员给另外一名运动员打分。裁判员的给分依次向第一记录组报分，记录组在计算双人跳水动作得分时，须去掉动作完成质量的一个最高分和一个最低分，保留三个同步分。评判动作完成质量的裁判员，只根据一个运动员的动作质量给分，不考虑两个运动员的同步性和评分范围以外的因素。评判动作配合同步的裁判员，应根据两名运动员的动作的协调情况给分，不应该受跳水开始姿势、难度系数或任何水下动作的各种因素影响。

如果运动员的跳水姿势与报告的姿势明显不符时，评判动作完成质量的裁判员应判此动作为"不好"，该动作最多只能给 2 分。评判动作协调情况的裁判只对动作同步性给分，不考虑跳水姿势的失败。当评判动作完成质量的裁判员认为某一运动员的动作与宣布的动作号码不相符时，虽然裁判长未宣布这一动作失败，裁判员也可给 0 分。如果评判动作完成质量的 4 名裁判员都给 0 分时，评判动作协调情况的裁判员给分无效。

（1）评判动作完成质量的裁判员，只根据一名运动员的动作完成和技术情况给分，而不考虑预备姿势前的动作、难度系数、任何水下动作或两名运动员动作或两名运动员的同步性等其他任何因素。

（2）评判动作同步配合的裁判员，只根据两名运动员动作的相互配合情况给分，而不考虑预备姿势前的动作、难度系数、任何水下动作或每名运动员的动作完成质量等其他任何因素。动作的同步性评分包括：助跑；起跳，包括起跳高度的一致性；空中动作配合的时间，入水角度的一致性；入水时与板或台的相对距离；入水时间的一致性。

（3）当运动员完成动作的姿势与所报告的姿势明显不符时，评判动作完成质量的裁判员应判此动作为"不好"，该动作最多得 2 分。评判动作同步配合的裁判员仅对动作同步性给分，而不考虑动作姿势的改变。

（4）当运动员完成动作的姿势与所报告的姿势部分不符时，评判动作完成质量的裁判员可根据自己的意见最多给 4.5 分，评判动作同步配合的裁判员不应考虑。

（5）当评判动作完成质量的裁判员认为某一运动员所跳动作与报告的号码不符时，尽管裁判长未宣布该动作失败，但裁判员也可给 0 分。当评判动作完成质量的 4 名裁判员都给 0 分时，评判动作同步配合的裁判员的给分无效。

（6）当一名运动员在另一名运动员离开跳板或跳台之前就已经入水，裁判长将宣布该动作失败，评判动作完成质量的裁判员的给分无效。

（7）当所有评判动作同步配合的裁判员都给0分时，裁判动作完成质量的裁判员的给分无效。

（8）当某裁判员因病或意外情况，对某一动作不能给分时，则应以评判同一运动员动作完成质量的另一裁判员的给分，或以评判动作同步配合的其他裁判员给分的平均数，分别作为这个缺少的动作完成质量的得分或动作同步配合得分。此分数应取至最接近的半分，如该分数恰好为0.25或0.75，则应取至临近最高的半分。

（9）如果两名运动员的助跑、起跳和起跳高度的一致性没有被表现出来，则每名评判动作同步配合的裁判员应扣0.5~2分。

（10）如果两名运动员的空中动作配合时间、入水角度和入水时间与板或台相对距离的一致性没有表现出来，则每名评判动作同步配合的裁判员应扣0.5~2分。

（11）如果两名运动员入水时间的一致性没有表现出来，则每名评判动作同步配合的裁判员应扣0.5~3分。

裁判员的给分按照相同顺序逐个口头报告给第一个记录组，并由第一个记录组按顺序记录在计分表上。使用电脑和显示牌记分时，记录组可直接从显示器上抄录分数。

裁判长及裁判员的职责

（1）在跳水比赛中，裁判长应该被安置在能管理比赛并保护规则的执行和处罚的评判的合适位置。在比赛的开始之前，裁判长一定要检查运动员填写的动作说明书。如果发现动作说明书与规则不相符，裁判长应尽快通知运动员予以更正。

（2）在比赛中如因天气或意外情况，裁判长认为有必要可以暂停或推迟部分比赛，但是一定要等一轮跳水动作做完后执行。再进行比赛时应从中断的地方继续进行。中断前的成绩仍然有效。如遇大风，裁判长可给全体运动员重新开始跳水动作的权力而不扣除得分。

（3）如果运动员完成了一个宣布错的动作，裁判长应重新宣布正确的动作，并允许运动员重新跳。在比赛中要给运动员充分的时间做好准备和完成动作。在裁判长发出警告之后，如果超过一分钟运动员仍没有做动作。该动作应该判为 0 分。裁判长发出信号后运动员去完成动作，运动员做向后或向内起跳时，裁判长发出信号之前，运动员不得向前移动至跳板或跳台的终端。如果在裁判长发出信号之前运动员已做动作，裁判长可决定该动作是否需重跳。在比赛中如裁判长认为运动员因意外情况影响了动作完成，裁判长可让运动员重跳。运动员所跳姿势如与报告姿势明显不符，在发出举分信号之前裁判长要示意报告员重新宣读动作姿势，并宣布该动作最多只能得 2 分。裁判长确定运动员所跳的动作与其所报告的动作明显不符，即宣布该动作为失败。比赛中如使脚先入水动作时，一臂或双臂上举高于头部，裁判长应宣布此动作最高得分为 4.5 分。

（4）比赛的开始是由裁判长发出信号，如果裁判长认为运动员在完成动作中得到他人帮助，就可以宣布动作失败。运动员在比赛巾以不良行为或其它活动扰乱比赛，裁判长可取消其参加该项比赛的资格。同样，裁判长认为某个裁判员不称职时，也可将其从比赛中撤消，并有权决定另一名裁判员代替。到比赛结束时，裁判长应写一份书面报告交到仲裁委员会。撤换裁判员必须在一场或一轮比赛结束后执行。比赛结束后，裁判长应与两个记录组一起审核记分表，并在总记录上签字，以确认最后的成绩。

动作的完成

（1）所有动作应由运动员本身完成，不得有他人帮助，但允许在两个动作之间进行指正。

（2）向前跳水可由运动员采用跑动或立定。

（3）当运动员站在跳板或跳台的前端时，即被认为是立定跳水的开始姿势。开始姿势可任选，但头部和身体必须保持正直，两臂伸直侧举高于头，或置于体侧任何位置。当两臂开始摆动时，即动作开始，如没有采用正确的开始姿势，裁判员酌情扣 1—3 分。

（4）跑动跳水的开始姿势，应从运动员准备迈出第一步算起。

（5）助跑应平稳、果断，路线要直。

（6）跳板和跳台的助跑，包括跨跳动作至少应为四部。当运动员助跑少于四步或在中途停顿并继续助跑，裁判长应在每一裁判员的给分中扣除 2 分。

（7）起跳应果断，有适当的高度并充满信心。

（8）立定跳水时，运动员在起跳前不得在板上弹跳，否则裁判长判该动作失败。

（9）跑动跳水时，运动员在起跳前，如在同一点上做一次以上的跳起，裁判长判该动作失败。

（10）跳板跳水必须双脚同时起跳，否则裁判长判该动作失败，跳台跳水可单脚起跳。

（11）面对板跳水时，双脚稍离板不作为弹跳，而作为无意动作，裁判员可酌情扣分。

（12）比赛开始后，当宣布前一运动员的得分前，运动员不得在跳板上弹跳。

（13）臂立跳水的开始姿势是在两脚离台后，做好平衡姿势的动作不应考虑在内，臂立跳水时身体若未能伸直保持平衡，裁判员应扣 1—3 分。

（14）臂立跳水时，运动员身体失去平衡，又双脚落下，可当做第一次臂立不成功，裁判长应从每一裁判员的给分中扣除 2 分，如运动员第二次臂立仍未能使身体保持平衡，又双脚落下，裁判长应判该动作失败。

（15）运动员跳水触及板端或跳离腾空的中心线，裁判员应酌情扣分。

（16）规则第 14 条臂立跳水的处罚，同样适用于立定跳水。即两臂摆动后又重新开始起跳或助跑跳水已开始跑动后又重新开始。第二次不成功裁判长判其失败。

（17）空中姿势有直体、屈体、抱膝和任意姿势。

①完成直体动作时，身体不得弯曲，两腿伸直并拢，脚尖绷直；②完成屈体动作时，髋部弯曲，两腿伸直并拢、脚尖绷直，两臂姿势可自由选择；③完成抱膝姿势时，身体团紧，两手置于小腿处，膝髋弯曲，两腿并拢，脚尖绷直。如两膝分开，裁判员应扣 1—2 分；④完成飞身翻腾动作时，要清楚地呈现不少于半周的直体姿势，这一姿势应自起跳开始。而直体姿势在完成翻腾一周以后呈现；⑤完成直体转体半周或一周时，转体动作不得直接在板上开始。完成屈体转体动作时，转体动作应明显在屈体动作之后开始。完成翻腾兼转体动作，其转体可以在任何时候开始；⑥完成任意姿势时，身体姿势可自由选择，但两脚应并拢，脚尖绷直。

（18）转体动作如转体角度小于或大于 90°时，裁判长应判该一动作失败。

（19）任何情况下，入水动作身体应伸直，并与水面垂直或近似垂直，两腿并拢，脚尖绷直。

头先入水时，两臂应上举高于头部并与身体成一直线，两臂伸直并拢。脚先入水时，两臂应伸直紧靠身体两侧。入水时手臂姿势不正确，裁判员均应酌情扣 1——3 分。脚先入水时，如两臂上举高于头部，该动作最高分不得超过 4.5 分。

（20）运动员的身体全部浸入水中，动作方算完成。

比赛的处罚

1. 裁判长宣布"动作失败"——0 分：

（1）运动员准备运动时间过长，经裁判长警告后，超过一分钟不做动作者。

（2）运动员所做动作的号码与报告不符。

（3）运动员在完成动作时，得到他人帮助。

（4）运动员拒绝完成某一动作。

（5）立定跳水时，在板端连续弹跳。

（6）跳板跳水时，单脚起跳。

（7）跑动跳水，起跳前，在同一点做一次以上的起跳。

（8）臂立跳水，第二次臂立没有成功。

（9）跑动或立定跳水时，第二次又没有成功。

（10）转体周数大于或小于所报告的转体动作90°时。

2. 裁判长宣布扣除2分：

（1）跑动跳水的助跑少于4步。

（2）做两次臂立动作。

（3）立定起跳两臂已开始摆动或跑动跳水助跑开始后，又重新做第二次者。

3. 裁判长宣布最多得2分：

运动员跳水姿势与所报姿势明显不符，在裁判长未向裁判员发出举分信号前，必须重新报告该动作，并宣布该动作最高分为2分；如某一裁判员评分仍高于2分，裁判长有权宣布该裁判员的评分为2分。

4. 裁判长宣布最高得4.5分：

脚先入水动作，两臂高于头部，裁判长宣布该动作得4.5分。如某一裁判员的评分仍高于4.5分，裁判长则宣布该裁判员的评分为4.5分。

5. 裁判员判0分：

裁判员以为所跳动作与报告动作不符时，如果裁判长没有宣布动作失败，裁判员也可判为0分。

6. 裁判员宣布最多给2分：

运动员所跳动作与报告动作明显不符，裁判员也可宣布最多给2分。

7. 裁判员最多给 4.5 分：

（1）所跳动作的部分姿势与所报动作不符。

（2）脚先入水时，两臂高于头部。

8. 裁判员根据自己的判断扣 1～2 分：

抱膝姿势两膝分开者。

9. 裁判员根据自己的判断扣 1～3 分：

（1）没有采用正确的开始姿势。

（2）跳立时跳立动作不稳定。

（3）入水时两臂姿势不正确。

PART 8 赛事组织

比赛程序

运动员必须在参加各项比赛前 24 小时向比赛所设的记录台递交由运动员本人签字的动作说明书。按动作完成的顺序，说明书中应填写这些内容。

（1）根据国际游联跳水规则难度表中规定的各动作号码。

（2）动作完成姿势有 A（直体）、B（屈体）、C（抱膝）、D（任意）。

（3）跳板跳台的高度。

（4）难度系数。

跳水比赛中规定有难度系数限制的动作不得作为无难度系数限制的动作予以重复跳。代号相同的动作一律被认为是同一动作。运动员只能完成难度表中规定的动作。跳水动作的号码和完成方式，应该是在运动员和裁判员都能看到的显示牌上显示出来，显示应在报告员报告动作之前。

按规则规定，凡递交动作说明书的最后时间一过，说明书中填写的动作和完成顺序不得有任何改动。每个运动员应对动作说明书填写的准确性负完全的责任。如果没有按期上交动作说明书，此运动员是不能参加比赛的。

组织工作

为了把竞赛办好，竞赛组织工作是一个重要的环节。应先组成竞赛委员会，并由其按照竞赛规程制定竞赛计划，在比赛前 4 ~ 6 个月发给各单位，规程中应包括比赛时间、地点、参加人数，日程、评分办法及奖励办法等。

竞赛的日程安排，一般是先女后男，先板后台，先少年后成年。预赛在同一天进行，若场地不足可采用跳台比赛交叉进行的办法。

要确定比赛分组与顺序，如果一次比赛中跳水动作总数过多，可将跳水动作分成若干组进行，每组不超过 210 个动作。比赛顺序采用抽签安排，抽签应在每项比赛前 24 小时进行，抽签前，应将抽签地点和办法通知比赛单位，而后在公开场合抽签。每签应包括运动员姓名、单位及本人签名等内容，抽签结果当场宣布。

比赛准备工作

赛前准备工作的好坏决定比赛能否顺利进行，裁判长与副裁判长要提前报到，深入了解本地区对比赛工作的准备情况（如场地器械是否符合规则要求，比赛器材是否完善，训练场地的安排是否合理等）。裁判员报到后，应马上组织裁判员学习规程、规则，并进行具体分工，以便各司其职。

1. 赛中

比赛中各裁判员要做好自己的本职工作，保证竞赛公平公正的进行。裁判长负责好比赛中的全面工作；副裁判长则要负责后台记录组或前台分组的工作；评分员本着认真负责、公平公正的原则，对每个运动员进行评分；记录要及时准确的计算出每个运动员最后的实得分；在跳水的整个过程中，报告员要做好及时宣传的工作，保证运动员的成绩及早呈现出来；公告员则要时刻准备好公告牌，及时，准确地将成绩公布给观众，让运动员与教练员能清楚地看到成绩。

2. 赛后

（1）比赛结束后，及时把创记录（含超纪录、平纪录）运动员、团体总分、各单位获奖牌数等资料进行编制和印发比赛成绩册。

（2）办理各队离开赛区的各种手续，以便他们能及时离会。

（3）对即将离开的人员，如裁判员、志愿者、观众及赞助商表示感谢。

（4）用于比赛的场地、器材、服装、用具等物质设备的归还、转让、出售和处理。

（5）用于比赛的所有文件资料归类、整理好交主办单位存档。

（6）财务决算、平衡账目。

（7）申报等级运动员和纪录成绩。

（8）进行工作总结，发送报告给赞助商、当地政府和上级体育主管部门。

PART 9 礼仪规范

入场礼仪

以奥运会为例，入场时，各运动员是以一种愉悦的心情来参加奥运会的，因此会有一定的随意性，例如，向观众招手、照相留念等。但就礼仪规范来说，对运动员行进姿势还是有一定的要求。

行进的要求。行姿属于人的全身性综合运动，届时对运动员总的要求是：轻松、矫健、优美、匀速。

（1）全身伸直，昂首挺胸。在行进中，要面朝前方，双目平视，头部端正，胸部挺起，背部、腰部、膝部要避免弯曲，使全身看上去形成一条直线。

（2）起步前倾，重心在前。在行进中，身体稍稍前倾，全身的重心落在反复交替移动的那只脚的脚掌上。需要注意的是，当前脚落地、后脚离地时，膝盖一定要伸直，踏下脚之后再略微放松，并即刻使自己的重心前移，如此才会显得步态优美。

（3）脚尖前伸，步幅适中。在行进时，向前伸出的那只脚要保持脚尖向前，尽量不要内向或外向。所谓步幅适中，是指行走时保持前脚脚跟和后脚脚尖二者间距离为一脚长。

（4）直线前进，由始至终。在行进时，双脚两侧走出的轨迹，应尽量呈现为一条直线，与此同时，要避免身体在行进过程中的左摇右摆。

（5）双肩平稳，两臂摆动。在行进中，双肩、双臂要自然，切忌过于僵硬呆板。双臂应一前一后地、有节奏地自然摆动，摆动的幅度以30度为佳。

（6）全身协调，匀速前进。在行进时，大体上在某一个阶段中速度要均匀，要有节奏感。

在行进中的一些禁忌。按照礼仪规范，运动员在行进中有一些基本的禁忌。如果不注意，就会造成失礼。一般而言，禁忌主要有：

（1）方向不确定。在行走过程中，应保持平直的行进路线，不应左右不定。

（2）瞻前顾后。行走过程中，不应左顾右盼，尤其不应回头来注视身后。

（3）速度多变。应保持匀速行进，不应忽快忽慢。

（4）八字步态。行走过程中，脚尖内向或者外向，就会形成所谓的"内八字"、"外八字"。这些步态都很难看，故应尽量避免。

赛前礼仪

比赛开始前后的各项仪式中，运动员站立的姿势是其良好精神面貌的具体体现，是十分重要的。

对于运动员来讲，其站姿的基本要求是：头端，肩平，胸挺，腹收，身正，手垂。在涉及具体要求时，男女运动员又略有不同，其要点如下：

男运动员的站姿。

一般而言，男运动员在站立时，要双脚平行，大致与肩同宽，最好间距不超过一脚之宽。并应全身正直，双肩稍稍向后展，头部抬起。

女运动员的站姿。

女运动员站立时，应当挺胸，收颌，目视前方。在站立之时，女子可以将重心置于某一脚上，即一脚伸直，另一条腿则略微前伸或者弯曲，或者双脚脚跟并拢，脚尖分开，张开的脚尖大约相距10厘米，张角约为45度，呈现"V"形。

站姿的禁忌。站立时，运动员的禁忌有三。

（1）全身不够端正。站立时强调身体要端正，尽量避免头歪、肩斜、臂曲、胸凹、腹凸、背弓、臀翘、膝屈。

（2）双脚叉开过大。如果站立过久，允许稍微的调整一下，即双脚可适当的叉开一些，但出于美观的考虑，切勿叉开过大，尤其是女性更要谨记。

（3）双脚随意乱动。在站立时，双脚要老实规矩，不可肆意乱动。

领奖礼仪

颁奖仪式，在此是指一项比赛结束后，为获得冠、亚、季军的优秀运动员或运动队颁发金、银、铜牌的具体程序。

跳水颁奖

举行比较高级别的运动会的颁奖仪式时，通常都设置阶梯形领奖台。届时冠军站在中间最高的一级台阶上，亚军站在冠军右侧较低的一级台阶上，季军站在冠军左侧更低的一级台阶上。

在国际比赛当中，一般在颁奖仪式中奏冠军所在国家的国歌，并同时升冠、亚、季军三国国旗。其中冠军国国旗居中，位置最高；亚军国国旗居右，位置次之；季军国国旗居左，位置最低。此处所言左中右是指就国旗自身而言，而不是从观众视角看上去的左中右。

在颁奖仪式上，获奖的运动员在嘉宾为自己颁发奖牌时，需注意以下几点：

颁奖程序。获得冠军、亚军、季军的参赛运动员，应身着正式服装或运动服登上领奖台，并面向官员席。

基本礼节。在国际级别的运动会上，颁奖嘉宾和运动员都会互相致意。此刻所通行的礼节有：

（1）拥抱礼。在西方，特别是在欧美国家，拥抱是十分常见的一种礼节。如今在奥运会颁奖仪式上，颁奖嘉宾为运动员颁奖之后，相互都会习惯性的行拥抱礼。正规的拥抱礼通常应为：双方面对面站立，各自举起右臂，将右手搭在对方左肩后面，同时左臂下垂，左手扶住对方右腰后侧。

（2）亲吻礼。亲吻礼也是奥运颁奖仪式上常见的礼节之一，它往往会与拥抱礼同时采用。即双方既拥抱、又亲吻。行亲吻礼，通常以自己的唇部接触对方的面部，但它忌讳发出亲吻的声音，而且不应当将唾液弄到对方脸上。

颁奖嘉宾与运动员亲吻

除了向嘉宾致意之外，运动员还应该向观众致意，以示感谢。

在颁奖仪式上，赛会方在介绍冠、亚、季军以及升旗仪式时，观众应保持安静。在介绍完获奖运动员或者升旗仪式之后，则可以尽情地欢呼和鼓掌。

握手礼仪

握手是通用的一种礼节，也是在国际上所广泛使用的致意方式。在各种运动会比赛前后，在运动员和运动员之间、运动员和裁判员之间、运动员和嘉宾之间都常常会行握手礼。

在行握手礼时，动作、方式、顺序、表情等都有所讲究。总的来说，有以下三点值得注意。

讲究方式。在行握手礼时，双方均应该保持站立，并迎向对方，坐者此刻则应该起立。在伸手与他人相握时，手掌应垂直于地面，以右手与对方右手相握。握手时，应该稍许用力，上下晃动几次，并且停留两三秒钟。在与男士握手时，力度应该较与女士握手时大，并且应该握住全部手掌。与女士握手时，则不宜过紧，并且只需轻轻握住手掌的前部和手指。在握手的过程中，要注视对方的眼睛，不能"目中无人"。并应同时面带微笑，伴以简单的问候语。

注意顺序。握手时，讲究"尊者居前"，即应该由双方中地位较高的一方先伸手。在女士和男士握手时，应该由女士先伸手。在运动员与裁判员或者嘉宾握手时，一般是裁判员或者嘉宾先伸手。在东道主运动员与其他国家的运动员握手时，应由东道主运动员先伸手，以表示欢迎。在与多人握手时，则应该遵循"由尊而卑"或者"由近而远"的顺序。

避免犯忌。握手时的禁忌包括以下五点：

（1）不宜用左手与人握手。用左手与人握手是极不礼貌的行为，握手只能用右手。

（2）不宜用双手与异性握手。与异性握手，只能用单手轻握的方式。

（3）不宜与多人交叉握手。在与多人握手时，应该依次进行，不能交叉握手。

（4）不宜戴着墨镜与人握手。

（5）不宜戴着手套与人握手。在某些戴手套的运动项目中，运动员应该先脱掉手套再与人握手。

观赛礼仪

（1）观众进出场地要有序，要在比赛前到达赛场，这是对运动员、教练员和裁判员最起码的尊重。

（2）玻璃瓶、易拉罐饮料都是不允许带进场地的，比赛时只允许带软包装饮料进入赛场。垃圾要用方便袋或者纸袋自行带出。

（3）观众的衣着要整洁、大方，不可太随便。

（4）在比赛开始时，特别是运动员准备出发时一定要保持安静，不要吃东西或互相聊天、喧哗。在比赛中，最好不要走动。

（5）观众一定要记住不允许在游泳馆内使用闪光灯。

（6）手机要关机或设置在振动、静音状态。

（7）场馆内禁止吸烟。

（8）看比赛可以高喊自己喜欢运动员的名字，可以在啦啦队的统一指挥下高喊口号，但不能喊出不文明语言。

（9）运动员发挥得好，观众要鼓掌。介绍各国运动员时也要给予运动员支持和鼓励，不可喝倒彩。

（10）比赛结束后，为优胜者发奖牌，同时演奏其国歌。这时，观众应全体起立并肃静。

PART 10　明星花絮

中国跳水明星

周继红

第一代跳水女皇
中文名：周继红
外文名：Zhou Jihong
出生地：湖北武汉
国籍：中国
性别：女
身高：1.56 米
出生日期：1965.01.11
运动项目：跳水
主要奖项：奥运会女子 10 米跳台跳水金牌
重要事件：1994 年入选国际水上名人堂

周继红

周继红原本练习体操，1977 年进入湖北省跳水队，开始接受跳水专业训练，1981 年夺得全国冠军，次年进入中国女子跳水队。1984 年，因为原定参加奥运会的女子跳水选手吕伟受伤，周幸运地获得了 1984 年夏季奥林匹克运动会女子跳台比赛的参赛权。在比赛中，周力压队友陈肖霞等人，以 435.51 分的总分夺得金牌。同年，被《游泳世界》杂志评为女子跳台跳水年度最佳运动员。

1986年，周继红退役，进入北京大学学习英语，1990年毕业后担任中国国家跳水队教练，2000年出任领队至今，先后率队在2000年悉尼奥运会、2004年雅典奥运会、2008年北京奥运会上拿到5枚、6枚、7枚金牌，中国国家跳水队也由此被誉为"梦之队"。

1984年第23届洛杉矶奥运会，19岁的周继红夺得女子跳台跳水冠军，以金牌为中国首次奥运之旅完美收官，这是"跳台飞燕"个人生涯最为辉煌的一跳，而由她摘得的跳水首枚奥运金牌，更为中国跳水队缔造了梦想的开端。

身为第一代跳水女皇，周继红开创了中国跳水的20余年辉煌。洛杉矶奥运的成功，无论是对中国体育，还是对周继红都意义重大，中国跳水队梦幻之旅由此开启，之后高敏、伏明霞等一代代女皇相继缔造辉煌。而凭借这枚分量十足的金牌，周继红先后获评年度世界最佳女子跳台跳水运动员、"新中国成立35年来杰出运动员"，1994年，周继红还入选国际水上名人堂，成为进入该名人堂的中国第一位运动员。

1986年7月退役后的周继红担任了湖北队跳水教练，1990年底在国家跳水队任教，2000年出任国家跳水队领队。

主要战绩

1981年全国跳水冠军；

1982年第9届亚运会女子跳台跳水亚军；

1982年第4届世界游泳锦标赛女子跳台跳水第3名；

1983年第3届世界杯跳水赛女子跳台跳水、男女团体、女子团体冠军；

1984年23届奥运会女子10米跳台跳水金牌（435.51分），成为我国跳水历史上第一个奥运会冠军；

1985年第4届世界杯混合团体冠军、女子团体冠军。

个人荣誉

1981年获运动健将称号，1985年获国际级运动健将称号。

1984年 当选美国《游泳世界》杂志女子跳台跳水最佳运动员

1984年 当选为新中国成立35年来杰出运动员

被全国妇联授予全国"三八红旗手"称号

被共青团中央授予全国新长征突击手称号。

被中国人民解放军总政治部授予一等军功章。

被湖北省政府授予省劳动模范，记特等功一次。

1985 年 被法国体育科学院授予优秀运动员奖。

1983 至 1985 年 连续三年当选全国十佳运动员，三次获国家体育运动荣誉奖章，曾当选为共青团第 11 届全国代表大会代表。

1994 年 入选设在美国佛罗里达州的国际水上名人堂成员，成为进入该名人堂的中国第一位运动员。

执教战绩

2000 年 悉尼第 27 届奥运会上夺得五金。

2001 年 福冈第 9 届世锦赛上夺得八金。

2002 年 釜山第 14 届亚运会上包揽全部八个项目的金牌。

2003 年 巴塞罗那第 10 届世锦赛上夺得四金。

高敏

跳板跳水女皇

中文名：高敏

外文名：Gao Min

出生地：四川自贡

国籍：加拿大

性别：女

身高：1.63 米

出生日期：1970.09.07

运动项目：跳水

突出技术：压水花入水技术

高敏

高敏出生于四川自贡市，4 岁开始习泳。6 岁进入四川自贡市少年业余体育学校，先是练习体操，9 岁受启蒙导师杨强挑选接受跳水训练。1980 年入选四川省跳水队，1985 年入选中国国家队。

凭借高超的压水花入水技术和优美的体型，轻盈的动作，赢得了多项世界冠军称号。在她的整个运动员生涯中，共赢得 70 多枚国际比赛

金牌，11 项世界冠军。她也是至今唯一曾在单一国际比赛总积分超过
600 分的女子跳水运动员（包括 1990 年亚洲运动会 3 米跳板跳水项目
得到 630 分）。

1992 年退役后，于 1994 年赴美国学习体育管理，后到加拿大开办
了一家跳水俱乐部，自任教练。2005 年 5 月，因为丈夫工作需要，回
到北京。

主要战绩

1986 年在第五届世界游泳锦标赛上，15 岁的高敏以 582.42 分夺得
跳板跳水冠军，成为世界锦标赛历史上的最高分，并与队友合作夺得女
子团体冠军；

1986 年在原民主德国国际跳水赛、加拿大杯国际跳水赛中力挫群
雄，荣登冠军宝座；

1987 年在第五届跳水世界杯赛中，获得跳板跳水金牌；

1988 年在第二十四届奥运会上，以 580.23 分的绝对优势获得跳板
跳水金牌，实现了"三连冠"，并成为我国第一位奥运会跳板跳水金牌
获得者；

1988 年先后在新西兰、澳大利亚的国际跳水邀请赛和在加拿大举
行的国际跳水比赛中，均夺得女子跳板跳水冠军；

1989 年在第六届世界杯跳水赛上，获得女子一米跳板和三米跳板
两项冠军，并是获得女子团体冠军和混合团体冠军的中国队的成员；

1990 年在澳大利亚国际跳水赛上获一米跳板和三米跳板两项冠军。

1990 年中国国际跳水赛上获三米跳板冠军；同年在济南四国跳水
对抗赛上获三米跳板冠军；同年在美国举行的第二届友好运动会跳水比
赛中，获一米跳板和三米跳板两枚金牌，同年北京举行的第十一届亚运
会跳水比赛中，夺得一米跳板和三米跳板两枚金牌，并与队友一起获女
子团体金牌；

1992 年在第二十五届奥运会上，蝉联女子跳板跳水冠军。

个人荣誉

1987 年、1988 年、1989 年连续三年被美国《游泳世界》杂志评为
年度世界最佳跳水运动员。

1983 年获运动健将称号。

1986 年获国际运动健将称号。

1989 年四次获得国家体委颁发的体育运动荣誉奖章。

1986 年、1987 年、1988 年被评为全国跳水十名最佳运动员之一。

1988 年、1989 年、1990 年被评为全国十名最佳运动员之一。

1989 年被评为建国四十年来杰出运动员之一。

1988 年、1990 年全国妇联授予她全国"三八"红旗手称号。

1988 年被全国总工会授予全国"五一"劳动奖章和全国先进工作者称号。

伏明霞

世界上年龄最小的世界冠军

中文名：伏明霞

英文名：Fu Mingxia

出生地：湖北武汉

国籍：中国

性别：女

身高：1.60 米

出生日期：1978.08.16

运动项目：跳水

伏明霞

伏明霞中国前著名跳水运动员，1978 年 8 月 16 日出生在湖北武汉，被称为跳水女皇，7 岁进入少年体校学习跳水。9 岁入选湖北省跳水队。1990 年进入国家跳水队。

伏明霞在 1992 年巴塞罗那奥运会上夺得 10 米跳台冠军时只有 13 岁，是中国奥运史上最年轻的冠军。随后她的照片被登在美国《时代周刊》的封面上，这也创下了中国运动员之先河。此前一年，她还赢得了第六届世界锦标赛跳台桂冠，成为最年轻的世界冠军并被载入《吉尼斯世界纪录大全》。1996 在亚特兰大奥运会上，她夺得台板双料冠军，成为继高敏夺得汉城和巴塞罗那奥运会 3 米板冠军之后，蝉联跳水冠军的第二人，这也是一个世界纪录，同时她是唯一一位参加三届奥运会都获得金牌的跳水选手，也是为数不多的同时获得跳台和跳板两个项目奥运金牌的选手。

伏明霞在训练的时候非常刻苦，而且悟性很高。动作相当稳定，心理素质极好。大赛经验丰富，有领军人的气质。伏明霞在八运会后退役，1999 年又重新回到了跳水的道路上，2000 年 3 月初进入国家集训队。复出后的她成绩稳步上升，在 4 月中旬进行的第四站选拔赛上，伏明霞已经巩固了自己的地位。9 月第三次出征奥运会，结果获得 3 米跳板单人金牌并与郭晶晶配合夺得 3 米跳板双人银牌。后嫁给前香港财政司司长梁锦松。退出体坛，在家相夫教子。

主要战绩

1990 年 正式进入中国跳水队。参加美国西雅图世界友好运动会，获女子跳台跳水冠军；

1991 年 参加第六届世界锦标赛，获跳台冠军。成为最年轻的世界冠军并被载入《吉尼斯世界纪录大全》；

1992 年 参加巴塞罗那奥运会，获 10 米跳台冠军。成为世界跳水史上最年轻的奥运金牌得主；

1994 年 参加第七届世界锦标赛，获跳台冠军；

1995 年 参加第九届世界杯，获跳板冠军、跳台亚军；

1996 年 参加第 26 届亚特兰大奥运会，获跳台、跳板双料冠军；

1999 年 参加全国冠军赛，获 3 米跳板单人第三；参加全国锦标赛，获 3 米跳板单人第三；参加世界大学生运动会，获 3 米跳板、10 米跳台冠军；

2000 年 参加世界杯，获 3 米跳板单人亚军；参加全国跳水冠军赛，获 3 米跳板双人第一，单人亚军；参加第 27 届悉尼奥运会，获 3 米跳板冠军，双人亚军。

郭晶晶

跳水女皇

中文名：郭晶晶

英文名：Guo Jingjing

郭晶晶

出生地：河北保定

国籍：中国

性别：女

身高：1.63 米

出生日期：1981.10.15

运动项目：跳水

郭晶晶，中国著名跳水运动员，1981 年 10 月 15 日出生在河北省保定市新市区，1988 年 7 岁的郭晶晶在河北保定训练基地开始跳水训练，1992 年进入河北省跳水队，1993 年入选国家跳水队，2004 雅典奥运会跳水冠军。2008 年在北京第二十九届世界杯跳水赛获女子 3 米板单人冠军；2011 年 1 月，跳板女皇郭晶晶终于做出了退役的决定。并于 2012 年 11 月 7 日在港岛区沙宣道大宅与霍启刚举行婚姻注册仪式，2012 年 11 月 8 日在香港沙宣道霍家大宅举行婚礼仪式。

主要战绩

1995 年 在美国亚特兰大举行的第九届世界杯跳水赛女子双人跳台跳水比赛中，与王睿合作，获金牌；在女子双人三米跳板跳水比赛中，与邓琳合作，获金牌。女子团体、混合团体冠军；

1995 年 在南京举行的第三届城运会跳水比赛中，包揽女子跳台、一米跳板、三米跳板三项金牌；

1996 年 在美国亚特兰大举行的第 26 届奥运会女子跳台跳水比赛中，获第五名；

1997 年 参加在上海举行的第八届全运会跳水比赛，获得女子三米板亚军；

1998 年 参加在澳大利亚举行的世界游泳锦标赛，获女子跳台亚军。

1998 年 参加在美国佛罗里达举行的国际泳总跳水大奖赛美国站的比赛，获得女子一米跳板冠军；

1998 年 参加在成都举行的 98 年全国跳水金牌赛，获女子三米跳板冠军；

1998 年 参加在美国纽约举行的友谊运动会跳水比赛中，获得获女子一米跳板冠军；

1998 年 参加在天津举行的全国跳水锦标赛，获得女子三米跳板冠军；

1998 年 参加在泰国曼谷举行的第十三届亚运会跳水比赛，获得女子三米跳板金牌；

1999 年 参加在新西兰威灵顿举行的第十一届世界杯跳水赛，与杨兰合作，获女子双人三米跳板金牌，并以 272.97 分的成绩获女子三米跳板第三名；与队友合作获混合团体第一名；

1999 年 全国跳水锦标赛，获得女子一米跳板金牌、女子三米跳板亚军；

1999 年 参加在美国佛罗里达举行的国际泳总跳水大奖赛，与梁小桥合作，获女子双人三米跳板金牌；

1999 年 参加在温州举行的中国国际跳水公开赛，获女子三米跳板第二名；

1999 年 参加在瑞典瑞尼泊举行的国际跳水赛，获女子三米板金牌；

1999 年 参加在维也纳举行的国际跳水大奖赛，获女子三米板第一名；

1999 年 参加在墨西哥举行的第二届国际泳总跳水大奖赛总决赛，获女子三米板跳水金牌；

1999 年 参加在成都举行的全国跳水锦标赛暨奥运会资格选拔赛，与梁小桥合作，获女子三米板双人跳第一名；参加女子一米板比赛，荣获第一名；

2000 年 参加在澳大利亚悉尼举行的世界杯跳水赛，获女子三米板第一名；与梁小桥合作获女子三米板双人跳水第二名；

2000 年 参加在山东济南举行的全国跳水锦标赛暨奥运会选拔赛，与伏明霞合作获女子三米板双人第一名，并获女子一米板和女子三米板两项第一名；

2000 年，悉尼奥运会获得女子 3 米跳板个人银牌，与伏明霞合作获得女子双人 3 米跳板跳水银牌；

2000 年 第 12 届世界杯 3 米跳板单人、女子团体、混合团体冠军、双人亚军；

2000 年 悉尼奥运会 3 米跳板单人、双人亚军；

2000 年 参加蒙特娄举行的加拿大杯国际跳水赛，获女子三米板第一名；

2000 年 参加在香港举行的国际跳水系列赛香港公开赛，获女子一米板第一名；

2001 年 福冈市第九届世界游泳锦标赛女子 3 米跳板单人、双人及 1 米跳板冠军；

2001 年 第 9 届全国运动会女子 1 米跳板、3 米跳板冠军；

2001 年 第 9 届世界游泳锦标赛女子 3 米跳板单人、双人冠军；

2002 年 全国跳水冠军赛女子 1 米跳板、3 米跳板冠军；

2002 年 第 13 届世界杯跳水赛女子 1 米、3 米跳板单人冠军、双人亚军；

2002 年 全国跳水锦标赛女子 3 米跳板冠军；

2002 年 釜山亚运会女子 3 米板单人、双人冠军；

2003 年 国际游联跳水大奖赛澳大利亚站女子跳板单人、双人冠军；

2003 年 国际游联跳水大奖赛中国站女子 3 米跳板单人、双人冠军；

2003 年 巴塞罗那第十届世界游泳锦标赛女子 3 米跳板单人、双人及 1 米跳板冠军；

2004 年 雅典奥运会女子 3 米跳板单人、双人冠军；

2004 年 第 28 届国际奥林匹克雅典运动会，获得了世界杯跳水赛女子 3 米跳板单人冠军、双人冠军 ；

2005 年 蒙特利尔第十一届世界游泳锦标赛女子 3 米跳板单人、双人冠军；

2005 年 南京第十届全运会女子 3 米跳板单人、双人及 1 米跳板冠军；

2005 年 澳门东亚运动会女子 3 米跳板双人、1 米跳板冠军；

2006 年 德国罗斯托克国际泳联跳水大奖赛第二站 3 米跳板单人、

双人冠军；

2006 年 全国跳水冠军赛女子 1 米板亚军；

2007 年 墨尔本第十二届世界游泳锦标赛女子 3 米跳板单人、双人跳水冠军；

2008 年 北京奥运会中获得三米板单人冠军，与吴敏霞获得双人跳水冠军；

2009 年 罗马游泳世锦赛 3 米板决赛上，获得冠军，并成为世界锦标赛历史上唯一一位五连冠得主；

2009 年 第十一届全运会女子三米跳板决赛中获得冠军，并且带领河北女队夺得跳水团体队的银牌；

2009 年 香港第五届东亚运动会与吴敏霞搭档，获得女双三米板冠军。

个人荣誉

1999 年 02 月，当选为 1998 年度河北省十佳运动员。

2004 年，中国十佳劳伦斯冠军奖颁奖，获得最佳女运动员奖。

2006 年，中国十佳劳伦斯冠军奖颁奖，获得最佳女运动员奖。

2007 年，由美联社评选的全球五十位最具影响力女性，郭晶晶是其中之一。

2008 年 11 月 21 日，中国十佳劳伦斯冠军奖颁奖仪式在北京举行，获得最佳人气奖。

2008 年，由美联社评选的全球最佳男女运动员，男女共十二位，郭晶晶成为唯一入选的亚洲运动员，最后结果，位居第二。

2008 年，由国际泳联评选的 2008 年度最佳男女运动员，郭晶晶获得最佳女运动员。

吴敏霞

中国著名跳水运动员

中文名：吴敏霞

英文名：Wu Minxia

出生地：上海

国籍：中国

性别：女

身高：1.65 米

出生日期：1985.11.10

运动项目：跳水

吴敏霞，中国著名跳水运动员，1985 年 11 月 10 日出生在上海，1991 年在上海市第二跳水学校接受训练，1995 年进入上海市队接受专业训练，1998 年入选国家队，从此开始了辉煌的跳水历程。

吴敏霞

主要战绩

2001 年 世锦赛女子 3 米跳板双人冠军；

2001 年 东亚运动会女子 3 米跳板冠军；

2002 年 世界杯女子 3 米跳板双人、单人亚军，团体冠军；

2002 年 国际泳联跳水大奖赛加拿大站女子 3 米板单人、双人冠军；

2002 年 国际泳联跳水大奖赛美国站女子 3 米板单人冠军；

2002 年 全国跳水锦标赛女子 1 米跳板亚军；

2002 年 釜山亚运会女子 3 米板双人冠军、单人亚军；

2003 年 国际泳联跳水大奖赛澳大利亚站女子 3 米板双人冠军；

2003 年 国际泳联跳水大奖赛中国站女子 3 米板双人冠军、单人亚军；

2003 年 世锦赛女子 3 米板双人冠军、单人第三名；

2004 年 世界杯女子 3 米板双人冠军、单人第三；

2004 年 第 28 届雅典奥运会 3 米板双人冠军、单人亚军；

2005 年 蒙特利尔世锦赛 1 米板亚军，3 米板单人亚军；

2006 年 第 15 届世界杯跳水女子 3 米板冠军；

2007 年 墨尔本世锦赛女子双人 3 米板冠军，单人 3 米板亚军；

2008 年 第 16 届国际泳联跳水世界杯女子 3 米板冠军，女子双人 3

米板冠军（与郭晶晶）；

2008 年 第 29 届北京奥运会女子双人 3 米板冠军、女子跳水 3 米板铜牌；

2009 年 罗马世锦赛女子 1 米板亚军，女子双人 3 米板冠军；

2010 年 第 17 届国际泳联跳水世界杯女子 3 米板银牌，女子双人 3 米板冠军；

2011 年 第 14 届国际泳联世界锦标赛（上海）女子双人 3 米板冠军（与何姿），女子单人 3 米板冠军；

2011 年 全国跳水锦标赛暨伦敦奥运会选拔赛女子单人 3 米板亚军；

2011 年 全国跳水锦标赛女子 3 米板双人冠军（与何姿）；

2012 年 第 18 届国际泳联跳水世界杯单人 3 米板冠军，双人 3 米板冠军；

2012 年 国际泳联跳水系列赛阿联酋迪拜站双人 3 米板冠军，单人 3 米板冠军；

2012 年 伦敦奥运会跳水女子 3 米板双人冠军（与何姿），女子 3 米单人板冠军；

2013 年 国际泳联跳水系列赛莫斯科站女子双人 3 米板（与施廷懋）冠军。

田亮

入水不会惊动沉睡水面的跳水王子

中文名：田亮

英文名：Tian Liang

出生地：重庆

国籍：中国

性别：男

身高：1.71 米

出生日期：1979.08.27

运动项目：跳水

项目特点：入水技术精湛

田亮

重要事件：2012 年以 2 金 1 银 1 铜的奥运战绩和 3 枚世锦赛金牌荣登名人堂，成为进入名人堂的第九位中国跳水人。

田亮，中国原跳水队队员，1979 年 8 月 27 日，出生在重庆，7 岁开始跳水，10 岁被四川省队选中，14 岁便进入了国家队，主攻跳台，15 岁就赢得全国锦标赛跳台冠军，16 岁在美国国际跳水大奖赛上获得了双人跳台冠军，赢得了"跳水神童"的美誉。

2000 年悉尼奥运会，他在前三个动作落后三十分的情况下，破釜沉舟，在第四跳以近乎完美的表现赢得 101.52 分，力压胡佳夺魁，赢得了自己人生中的第一块奥运金牌。出神入化的入水技术，使他赢得了"跳水王子"的称誉。在随后的几年里，他的跳水事业节节攀升，到 2004 年时，田亮迎来了跳水事业的巅峰时期，叱咤十米跳台。

2007 年，"跳水王子"选择了退役。结束了自己的运动生涯，转战演艺圈。先后出演了《出水芙蓉》《牛郎织女》《雷锋》《不再让你孤单》等多部影视作品，获观众好评。

主要战绩

1994 年 全国锦标赛跳台冠军；

1995 年 美国国际跳水大奖赛男子跳台双人冠军；

1995 年 美国世界杯跳水赛男子双人跳台冠军；

1995 年 南京第 3 届城运会男子跳台冠军；

1995 年 第 9 届世界杯跳水赛男子双人，团体，混合团体三项冠军；

1995 年 四国对抗赛跳台冠军；

1996 年 亚特兰大奥运会 男子跳台第四名；

1997 年 第 10 届世界杯跳水赛混合团体冠军；

1997 年 上海第 8 届全运会男子 10 米跳台亚军；

1998 年 成都全国冠军赛 10 米跳台冠军；

1998 年 曼谷亚运会冠军；

1999 年 新西兰世界杯单人、双人冠军；

2000 年 世界杯赛单人、双人跳台冠军；

2000 年 全国冠军赛单人、双人跳台冠军；

2000 年 悉尼奥运会 男子 10 米跳台冠军；

2001 年 世锦赛男子 10 米跳台单人、双人冠军；

2001 年 第 9 届全国运动会男子 10 米跳台冠军；

2002 年 釜山亚运会 冠军；

2002 年 全国跳水冠军赛男子 10 米跳台冠军；

2002 年 世界杯男子 10 米跳台单人、双人冠军；

2002 年 全国锦标赛男子 10 米跳台冠军；

2003 年 世界锦标赛男子 10 米跳台第三名；

2004 年 国际游联跳水大奖赛珠海站男子 10 米跳台冠军；

2004 年 第 14 届世界杯跳水赛男子单人、双人 10 米跳台冠军；

2004 年 雅典奥运会 双人跳台冠军、单人铜牌。

胡佳

新一代跳水王子

中文名：胡佳

英文名：Hu Jia

出生地：湖北武汉

国籍：中国

性别：男

身高：1. 72 米

出生日期：1983. 01. 10

运动项目：跳水

专业特点：动作规范、舒展优美

胡佳中国著名跳水运动员，1983 年 1 月 10 日，出生在湖北武汉，他很小就前往汕头师从跳水名将谭良德、李青，5 岁半上学前班时被武

胡佳

汉队的教练选中开始学习跳水，11 岁进入广东队，1999 年 11 月入选国家队，2000 年第一次参加世界顶级赛事，并开始进入人们的视野，但在重大赛事中往往不能把握住机会，总是屈居亚军。2004 年雅典奥运会胡佳终于走出亚军阴影，一举夺得男子 10 米跳台金牌。成为了继田亮之后，另一个男队具有实力的主力。

与田亮不同的是，胡佳的项目开始时比较杂，跳板及跳台都有所涉及。直到 1999 年在全国跳水锦标赛上夺得双人跳台冠军后，胡佳的主项才确定在双人及单人跳台的项目上。

缺少了田亮身上的耀眼光环，胡佳显得更为朴实。胡佳训练非常的刻苦，队医都叫他"战神"。平常训练的时候，他一天要跳 4 个自选动作，平均每个动作跳 5 次，就是 20 次，再加上规定动作，每天大约要从 10 米台上跳下 30 多次，超过这个训练量，手臂就会受不了，可是胡佳一旦跳坏一个动作，经常要重新再跳，正是这样刻苦的精神，铸就了他的冠军梦，使他站上了最高的领奖台。

重要战绩

2000 年 国际泳联跳水大奖赛总决赛男子 10 米跳台冠军；

2000 年 悉尼奥运会男子 10 米跳台单人、双人亚军；

2001 年 第 9 届世界游泳锦标赛男子双人 10 米跳台冠军；

2001 年 第 9 届全国运动会男子 10 米跳台亚军；

2002 年 全国跳水锦标赛男子 10 米跳台双人冠军、单人亚军；

2002 年 第 13 届世界杯跳水赛男子团体冠军；

2003 年 第 10 届世界游泳锦标赛男子双人 10 米台第三名；

2004 年 国际跳水冠军巡回赛上海站男子 10 米台冠军；

2004 年 第 14 届世界杯跳水赛男子 10 米跳台亚军；

2004 年 雅典奥运会男子 10 米跳台冠军；

2005 年 国际泳联跳水大奖赛美国站男子 10 米台双人冠军；

2005 年 国际泳联跳水大奖赛加拿大站男子 10 米台亚军；

2005 年 国际泳联跳水大奖赛珠海站男子 10 米台单人亚军、双人冠军；

2005 年 游泳世锦赛男子 10 米台单人赛金牌、双人银牌（与杨景辉），十运会男子 10 米台银牌；

2007 年 曼谷大学生运动会男子 10 米台冠军；

2008 年 跳水大奖赛马德里站男子 10 米台冠军。

熊倪

中文名：熊倪

英文名：Xiong Ni

出生地：湖南长沙

国籍：中国

性别：男

身高：1.66 米

出生日期：1974.01.06

运动项目：跳水

专业特点：悟性好，技术精，翻腾高，转体快，姿态美，水花小。

熊倪

熊倪，中国著名跳水运动员，1974 年 1 月 6 日，出生在湖南场上，1982 年进省队。1986 年参加全国跳水冠军赛，一举夺得四项冠军，随即被选入国家队。1987 年熊倪首次参加国际比赛，便夺得冠军。同年在一系列国际跳水比赛中连连夺冠。1988 年在第 24 届奥运会上仅仅由于前冠军洛加尼斯的声望征服了裁判而以微弱差距屈居亚军。

在其后的四年里共获得 4 个世界冠军。在 1992 年的第 25 届奥运会上，命运似乎在和这位天才开玩笑，他仅仅获得跳台第三名，不得不再次卧薪尝胆。1996 年，他终于在第 26 届奥运会上为中国赢得了第一枚男子跳板金牌，圆了 8 年前的奥运冠军梦。

1997 年八运会夺冠后，熊倪退役。但在 1998 年，面对中国跳水跌

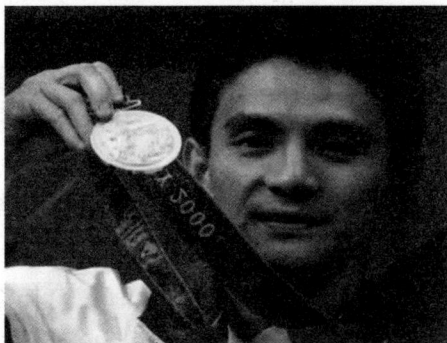

入低谷，他毅然复出，表现出一位杰出运动员高度的责任心和荣誉感。复出后的熊倪成绩不断恢复。

2000年9月26日，第27届悉尼奥运会男子跳板决赛，重新复出的熊倪力克强大的对手萨乌丁，决赛进程跌宕起伏，惊险万分，前五轮熊倪一直稍微落后于萨乌丁。最后一跳，萨乌丁小有失误。熊倪不负重望，跳出81.60分的高分。勇夺冠军。

主要战绩

1988年 瑞典杯国际跳水赛男子跳板、跳台两项冠军；

1988年 第24届奥运会跳台亚军；

1992年 第25届奥运会跳台第三名；

1993年 七运会1米板冠军；

1991 - 1995年 世界杯获得多枚跳台和3米板金、银牌；

1996年 第26届奥运会跳板冠军；

1997年 八运会跳台冠军；

1999年 温州站国际邀请赛跳板冠军，瑞典大奖赛跳板冠军，全国冠军赛跳板和双人冠军；

2000年 世界杯与肖海亮合作夺得跳板双人冠军；

2000年 第27届悉尼奥运会男子跳板决赛，重新复出的熊倪力克强大的对手萨乌丁，获得冠军。并与肖海亮获得男子3米板双人金牌；

2001年九运会男子3米跳板单人冠军。

个人荣誉

1989年被美国《游泳世界》杂志评为1989年世界最佳跳水运动员。

1991年、1992年获跳水"十佳"运动员称号。

1996年8月，被国家体委授予体育运动荣誉奖章。

1996年9月28日，被评为"96中国奥运十佳运动员"。

1999年8月，当选为"新中国体育五十星"。

2000年4月，被授予全国先进工作者。

孙淑伟

跳水界的"黑马王子"

中文名：孙淑伟

英文名：Sun Shuwei

出生地：广东揭阳

国籍：中国

性别：男

出生日期：1976.01

运动项目：跳水

孙淑伟，原国家跳水队队员，现任，中国跳水队教练，1984 年入选广东省业余体校，1985 年转入广东省跳水队，1989 年被选入国家集训队。

孙淑伟

孙淑伟被称为"黑马王子"有这样一段经历，在 1992 年巴塞罗那奥运会上，8 月 4 日，男子 10 米台跳水决赛进行到第八轮。第一个出场的美国选手跳砸了，紧接着下来的几名运动员也未能幸免。中国选手熊倪仿佛也被"传染"，出现失误后排名跌至第七。人们屏住了呼吸。中国队冲击金牌的希望落到熊倪之外的孙淑伟身上。

决赛最后一轮，孙淑伟出场了。他的脸上看不出任何表情，起跳、腾空、翻转、入水，干净利落地完成了一个 307C。7 名国际裁判中的 4人，给这个当时堪称难度最高的一跳亮出了满分。

当结束这完美一跳的中国选手从水池中冒出头来，人们才发现，这个选手原来还是个黝黑瘦弱的小孩。随后，孙淑伟代表中国站在了最高领奖台上，人们记住了他还略带羞涩和乡土气息的微笑，也记住了他的名字，孙淑伟。就是从这里开始，孙淑伟成为了众人心目中的"黑马王子"。

但是，由于左右眼相继患上视网膜穿孔，致使他无缘 1996 年的亚特兰大奥运会，2001 年九运会，孙淑伟正式退役。2002 年，孙淑伟以教练的身份回到了国家跳水队，以另一种方式继续着自己的跳水事业。

主要战绩

1988 年 在全国跳水邀请赛中，年仅 12 岁的他竟然战胜诸强而夺得跳台跳水的冠军；

1989 年 全国跳水锦标赛上夺得跳台冠军及第 2 届青少年运动会乙组跳台冠军；

1990 年 年仅 14 岁的孙淑伟首次参加国际比赛，在有 12 个国家的选手参加的加拿大国际跳水邀请赛上沉着自信，出色地完成了后空翻腾三周半的高难动作，获得两个 10 分，最后战胜强手夺冠；

1990 年 在北京举行的第 11 届亚运会跳台比赛中与队友争夺冠亚军，以 690.93 分的高分获胜，并为中国获得男子团体冠军立了功；

1991 年 在珀斯第 6 届世界游泳锦标赛跳台比赛中，他一气接连完成 107B、407B、207C、307C 高难动作，并以 629.29 分的高分夺得桂冠；

1991 年 在美国阿拉莫国际跳水赛获跳台冠军，同年又在第 7 届世界杯跳水赛获跳台冠军、男子团体和混合团体成员之一，同年在中国国际跳水公开赛获跳台冠军；

1991 年 在全国跳水锦标赛获跳台亚军；

1992 年 在巴塞罗那第 25 届奥运会上夺得跳台金牌，创中国在奥运跳水史上男子第一枚金牌纪录；成为我国第一位在世界大赛上获"三连冠"的男子跳台跳水选手；

1992 年 在第 2 届城运会上获跳台亚军、1 米和 3 米跳板季军；

1993 年 在第七运会上获跳台冠军；

1994 年 在第 7 届世界游泳锦标赛，获 10 米跳台跳水的亚军；

1994 年 在广岛第 12 届亚运会跳水赛中获得跳台冠军；

1999 年 在第 11 届世界杯跳水赛上与队友余卓成合作，分别获双人跳台、双人 3 米板两项世界冠军；并与队友余卓成等合作，获混合团体世界冠军。

个人荣誉

1990 年 当选为全国最佳跳水运动员。

1991 年 被评为世界最佳男子跳台跳水运动员，成为《游泳世界》杂志历年来选出的最年轻的男子最佳运动员。

1993 年 评为中国十佳运动员。

罗玉通

中文名：罗玉通
英文名：Luo Yutong
出生地：广东
国籍：中国
性别：男
身高：1.70 米
出生年月：1985.10.06
运动项目：跳水

罗玉通

罗玉通，1985 年生，8 岁被选入惠州市体校跳水队，1996 年被输送到省跳水队。2000 年，罗玉通在全国跳水比赛中首次夺冠，同年 8 月入选国家队。2002年 6 月在西班牙，与田亮合作获第十三届世界杯跳水赛双人 10 米台冠军，并捧跳水男子团体金牌。2012 年伦敦奥运会与秦凯获得双人 3 米板冠军。

主要战绩

2000 年 国际泳联跳水大奖赛墨西哥站 男子 10 米跳台亚军及双人10 米跳台亚军；

2001 年 国际泳联跳水大奖赛墨西哥站 男子双人 10 米跳台冠军（与田亮）；

2002 年 世界杯跳水锦标赛 男子双人 10 米跳台冠军；

2003 年 国际泳联跳水大奖赛莫斯科站 男子 10 米跳台冠军及男子双人 10 米跳台 亚军（与唐韶韵）；

2004 年 国际跳水巡回赛上海站 男子双人 10 米跳台冠军（与胡佳）；

2005 年 第十届全运会男子双人 10 米跳台亚军；

2005 年 东亚运动会男子单人三米板冠军；

2008 年 全国跳水冠军赛男子 1 米板季军；

2009 年 全运会跳水比赛男子团体冠军，全运会男子一米板季军，全运会男子双人 3 米板季军（与何冲）；

2009 年 第五届东亚运动会男子双人 3 米板冠军（与吴明鸿）；

2010 年 第 17 届国际泳联跳水世界杯男子双人 3 米板冠军（与秦凯）；

2010 年 广州亚运会 男子双人 3 米板冠军（与秦凯），男子单人 3 米板亚军；

2011 年 全国跳水锦标赛双人 3 米板冠军（与秦凯）；

2012 年 第 18 届国际泳联跳水世界杯双人 3 米板冠军；

2012 年 全国跳水冠军赛男子双人 3 米板冠军（与秦凯）；

2012 年 伦敦奥运会双人 3 米板夺冠（与秦凯）。

秦凯

中文名：秦凯

英文名：Qin Kai

出生地：陕西西安

国籍：中国

性别：男

身高：1.70 米

出生日期：1986.01.31

运动项目：跳水

秦凯中国著名跳水运动员，1986 年 1 月 31 日，出生在陕西省西安市，4 岁进入西安市体校接受体操训练，8 岁时被挑选进省队接受专业跳水训练。1998 年进入国家队，开始了奥运梦的征程。

但是跳水事业并不是一帆风顺的，1999 年因为右臂伤病休养很长一段时间，2000 年开始转型训练周期更长的跳板。2003 年第五届城市运动会上，秦凯成为男子个人 3 米板和男子个人全能的"双冠王"。

2005 年又因为右手大拇指骨折，而最终退出世锦赛大名单。2006 年第十五届世界杯跳水赛男子 3 米板的比赛中，秦凯以 538.5 分顺利夺冠获得冠军。

经过几番伤病折磨的秦凯依然坚持，2007 年是他收获的一年，3 站大奖赛单人和双人冠军，加上世锦赛的双冠王，令秦凯成为中国跳水队 3 米板的领军人物。

主要战绩

2006 年第十五届跳水世界杯男子单人、双人 3 米板冠军；

2006 年多哈亚运会男子一米板亚军；

2007 年世界游泳锦标赛男子单人、双人 3 米板冠军；

2008 年跳水世界杯男子双人 3 米板冠军；男子单人 3 米板亚军；

2008 年北京奥运会男子单人 3 米板季军，双人 3 米板冠军（王峰）；

2009 年世界游泳锦标赛男子一米板冠军，男子双人 3 米板冠军（王峰）；

2010 年国际泳联世界跳水系列赛青岛站男子单人 3 米板冠军；

2010 世界跳水系列赛青岛站男双 3 米板冠军（与张新华）；

2010 年全国跳水锦标赛男子单人 3 米板亚军；

2010 年广州亚运会跳水双人 3 米板冠军（与罗玉通）；单人 1 米板亚军；

2011 年国际泳联跳水系列赛北京站单人 10 米台冠军；

2011 年世界跳水系列赛莫斯科站男子双人 3 米板冠军（与罗玉通）；

秦凯

2011 年第 14 届国际泳联世锦赛（上海）男子双人 3 米板冠军（与罗玉通）；

2011 年深圳大运会男子双人 3 米跳板金牌（与林劲）；

2011 年全国跳水锦标赛暨奥运选拔赛男子单人 3 米板季军；

2012 年第 18 届国际泳联跳水世界杯双人 3 米板冠军，单人 3 米板亚军；

2012 年国际泳联跳水系列赛阿联酋迪拜站单人 3 米板季军；

2012 年国际泳联跳水系列赛迪拜站双人 3 米板冠军；

2012 年国际泳联跳水系列赛北京站单人 3 米板亚军；

2012 年国际泳联跳水系列赛墨西哥站单人 3 米板冠军；

2012 年国际泳联跳水系列赛墨西哥站双人 3 米板冠军；

2012 年全国跳水冠军赛男子双人 3 米板冠军（与罗玉通），男子跳水单人 3 米板银牌；

2013 年国际泳联世界跳水系列赛北京站单人 3 米板冠军，双人 3 米板冠军。

何冲

中文名：何冲

英文名：He Chong

出生地：广东湛江

国籍：中国

性别：男

身高：1.68 米

出生日期：1987.06.10

运动项目：跳水

技术特点：难度大，爆发力和弹跳力强，动作有很大的冲击力

何冲，中国跳水运动员，1987 年 6 月 10 日出生在广东省湛江市，6 岁开始练习跳水，14 岁入选国家队，后

何冲

因集训效果不理想被国家队退回，2004年重返国家队。

何冲一直被视为是一个"坏小子"，他的个性十足，甚至可以用古怪来形容。年轻时，年少轻狂的何冲就曾经说过"其实拿金牌就是那么回事……挑战难度才更加有趣"，这使得他在国家队几进几出。而在最初，何冲经常挑战高难度，却无法保证自己能够完成，在常熟世界杯上，他非要完成翻腾三周半的动作，可是由于他只完成了两周，最终得到了一个令人触目惊心的0分。

何冲随着年龄的长大，责任感、精神风貌和稳定度都大为提升。虽然他依然被人称为是"难度王"，可是他发挥的稳定性，丝毫不逊色于世界上任何一个顶级选手。在2008年北京奥运会的决赛里，何冲向人们诠释了他不但是"难度王"，更是"稳定王"。他的第一个动作向前翻腾三周半－屈体，难度系数3.1，总分只有92分，他出色的完成，最终得到了91.45分，几乎就是满分！而第二个动作向后翻腾两周半－屈体，难度系数3.0，总分只有90分，他又得了85.50的高分。两个低难度动作之后，何冲就奠定了夺冠的基础。换句话说，"难度王"向人们证明，他不但会玩难的，更懂得如何去玩稳的。

当然，何冲除了使自己的心态更加稳健，学会认真去对待低难度动作，同时，他也保持了自己向难度挑战的习惯。与年轻时不同的是，他不但向高难度挑战，同时还把几个高难度动作演绎的完美无缺。在他过去经常失误的307C（向后翻腾三周半－抱膝）动作里，他更是得到了99.75分的超高分。而他的第四个动作5154B（向前翻腾两周半转体两周－屈体），他跳出了98.60分的超高分。第五个动作407C（向内翻腾三周半－抱膝），他跳出了96.90分。最后一个动作5156B（向前翻腾两周半转体三周－屈体），他则跳出了100.7分！四个高难度动作，四次完美的演绎，四次接近于满分。

主要战绩

2005年国际泳联跳水大奖赛德国站男子3米板单人、双人冠军；

2005年国际泳联跳水大奖赛俄罗斯站男子3米板冠军；

2005年国际泳联跳水大奖赛美国站男子3米板双人冠军；

2005年国际泳联跳水大奖赛珠海站男子3米板双人冠军；

2006 年全国跳水冠军赛男子 1 米板、3 米板和双人 3 米板冠军；

2006 年国际泳联跳水大奖赛加拿大站男子 3 米板冠军；

2006 年国际泳联跳水大奖赛美国站男子 3 米板冠军；

2006 年全国跳水锦标赛男子 1 米板、3 米板、双人 3 米板冠军；

2006 年多哈亚运会跳水男子单人三米板冠军；

2007 年游泳世锦赛男子 1 米板单人赛第二名；

2007 年国际泳联跳水大奖赛珠海站男子 3 米板冠军；

2007 年国际泳联跳水大奖赛德国站男子 3 米板冠军、双人冠军（与王峰）；

2007 年国际泳联跳水系列赛墨西哥站男子 3 米板第二名；

2007 年国际泳联跳水系列赛南京站 3 米板冠军；

2008 年跳水世界杯男子单人三米板金牌；

2008 年国际泳联跳水大奖赛深圳站 3 米板冠军；

2008 年国际泳联跳水大奖赛加拿大站男子 3 米板冠军；

2008 年北京奥运会男子跳水 3 米跳板冠军；

2009 年世界游泳锦标赛男子跳水 3 米跳板冠军；

2009 年全运会男子一米跳板亚军；

2011 年国际泳联跳水系列赛北京站单人 3 米板亚军；

2011 年上海世锦赛男子单人 3 米板冠军；

2011 年深圳第 26 届世界大学生夏季运动会跳水男子 3 米板冠军；

2011 年全国跳水锦标赛暨奥运选拔赛男子单人 3 米板冠军；

2011 年中国跳水明星系列赛济南站男子单人 3 米板冠军；

2011 年中国跳水明星系列赛常州站单人 3 米板冠军；

2012 年第 18 届国际泳联跳水世界杯单人 3 米板冠军；

2012 年国际泳联跳水系列赛阿联酋迪拜站单人 3 米板冠军；

2012 年国际泳联跳水系列赛北京站单人 3 米板冠军；

2012 年国际泳联跳水系列赛莫斯科站单人 3 米板冠军；

2012 全国跳水冠军赛暨奥运选拔赛男子单人 3 米板亚军；

2012 全国跳水冠军赛男子双人 3 米板亚军；

2012 年伦敦奥运会跳水男子单人 3 米跳板季军。

2013 年中国跳水冠军杯济南站男子单人 3 米跳板决赛冠军；

2013 全国跳水冠军赛武汉站男子双人 3 米跳板与弟弟何超搭档冠军；

2013 全国跳水冠军赛武汉站男子 3 米跳板季军；

2013 年国际泳联世界跳水系列赛莫斯科站男子单人 3 米板冠军；

2013 年国际泳联世界跳水系列赛莫斯科站男子双人 3 米板 （与秦凯） 亚军。

王峰

中文名：王峰

英文名：Wang Feng

出生地：山东新泰

国籍：中国

性别：男

身高：1.73 米

出生年月：1979.04.17

运动项目：跳水

王峰

王峰，奥运冠军，中国男子跳水队队员，王峰的跳水之路并不平坦，7 岁开始练习跳水，直到 21 岁才进入国家队，2007 年初根据他的特点，队里为他选择了更适合的搭档秦凯，两个人紧紧配合了三个月就站在了墨尔本世锦赛的战场上，王峰带着秦凯一起拿下了世锦赛的首金，此后的日子里，再也无人能阻挡他们冲向金牌的脚步。无论国际国内也无论赛事大小，两个人完成了对所有冠军的包揽。

主要战绩

2000 年 第 12 届世界杯男子团体和混合团体冠军；

2001 年 游泳世锦赛男子 1 米板冠军；

2001 年 第 9 届全国运动会男子 1 米板冠军；

2002 年 第 13 届世界杯跳水赛男子 3 米跳板双人、团体冠军；

2003 年 第 10 届世界游泳锦标赛男子双人 3 米板亚军；

2004 年 跳水大奖赛美国站男子 3 米板冠军；

2004 年 第 14 届世界杯跳水赛男子 3 米板亚军；

2005 年 国际泳联跳水大奖赛德国站男子 3 米板双人冠军；

2005 年 国际泳联跳水世界杯赛美国站男子 3 米板冠军；

2005 年 国际泳联跳水大奖赛美国站男子 3 米板双人冠军；

2005 年 国际泳联跳水大奖赛珠海站男子 3 米板单人、双人冠军；

2006 年 多哈亚运会男子双人 3 米板冠军（与何冲）；

2007 年 世界游泳锦标赛男子双人 3 米板冠军（与秦凯）；

2007 年 跳水大奖赛德国站男子双人 3 米板冠军（与何冲）、单人第三；

2007 年 跳水系列赛英国站男子双人 3 米板冠军（与秦凯）；

2007 年 跳水系列赛墨西哥站男子双人 3 米板冠军（与秦凯）；

2007 年 跳水系列赛南京站男子双人 3 米板冠军（与秦凯）；

2008 年，与秦凯在第 29 届北京奥运会上夺得男子双人 3 米板跳水金牌；

2009 年 意大利罗马世界游泳锦标赛男子双人 3 米板冠军（与秦凯）。

何姿

中文名：何姿

英文名：He Zi

出生地：广西南宁

国籍：中国

性别：女

身高：1.58 米

出生年月：1990. 12. 11

运动项目：跳水

技术特点：起跳有力，动作技术高，难度大

何姿 6 岁起在南宁体校开始练习跳水，2000 年进入清华跳水队。

2006 年入选国家队，何姿被誉为郭晶晶的接班人，多次获得 3 米板单人和双人冠军。2012 年第 18 届国际泳联跳水世界杯冠军。

主要战绩

2006 年多哈亚运会女子三米板单人、双人银牌；

2007 年世锦赛女子 1 米板金牌，第六届城运会女子 1 米板、3 米板金牌；

2009 年世锦赛女子 3 米板第四名，第 11 届全运会女子一米跳板金牌、女子三米板铜牌、女子双人 3 米板铜牌；

何姿

2010 年 系列赛青岛站女子单人三米板金牌；墨西哥站（III）女子双人三米板金牌（与吴敏霞）、女子单人三米板金牌；墨西哥站（II）女子双人三米板冠军（与吴敏霞）、女子单人三米板金牌；

2011 年第 14 届国际泳联世界锦标赛（上海）女子双人三米板冠军（与吴敏霞），单人三米板亚军；

2012 年第 18 届国际泳联跳水世界杯单人 3 米板亚军，双人 3 米板冠军（与吴敏霞）；

2013 年国际泳联跳水系列赛莫斯科站女子单人 3 米板亚军；

2013 年国际泳联世界跳水系列赛墨西哥站女子单人 3 米板冠军。

陈若琳

中文名：陈若琳
英文名：Chen Ruolin
出生地：江苏
国籍：中国
性别：女
身高：1.58 米
出生年月：1992.12.12

陈若琳

运动项目：跳水

陈若琳，中国跳水运动员，4 岁时，陈若琳从江苏省南通市儿童业余体校开始跳水生涯。

2003 年，陈若琳在全国少儿跳水赛上独揽三金；2004 年，陈若琳出席了全国跳水锦标赛，面对李婷、劳丽诗等诸多名将，她毫不怯阵，勇夺 10 米跳台第五名。

陈若琳的出色表现引起了中国跳水队掌门人周继红的关注。2003 底，还不足 12 岁的她就成为一名国家队队员。

2006 年国际大奖赛澳大利亚站比赛中，陈若琳和队友蒋李双击败了包括奥运会冠军纽贝里在内的所有强手，摘取双人 10 米跳台金牌。半个月后的德国站，陈若琳和队友再度折桂。

2006 年 4 月下旬，陈若琳和贾童摘得了中国站大奖赛双人 10 米跳台金牌。此后的加拿大、美国两站大奖赛，他们均凯旋而归。半年间，陈若琳在该项目独保不败。

2006 年世界杯跳水赛上，陈若琳与队友贾童联手，再次将 10 米双人跳台金牌收入囊中，成为中国跳水队最年轻的现役世界冠军。

主要战绩：

2006 年 全国锦标赛女子单人十米台冠军；

2006 年 世界杯跳水赛女子双人十米台冠军；

2007 年 世界杯女子跳水赛双人十米台冠军（与贾童）；

2007 年 墨尔本世锦赛女子十米台冠军（与贾童）；

2008 年 第 29 届北京奥运会女子双人 10 米台冠军（与王鑫）；

2008 年 第 29 届北京奥运会女子单人 10 米台冠军（最后一跳

100. 30 分，举世震惊，中国骄傲）、双人 10 跳台冠军（与王鑫）；

2009 年 世界锦标赛女子 10 米台双人冠军（与王鑫）；

2009 年 全运会女子单人 10 米台冠军；

2011 年 国际泳联世界跳水系列赛北京站女子单人 10 米台冠军；

2011 年 上海游泳世锦赛跳水女双 10 米台冠军（与汪皓）；

2011 年 上海游泳世锦赛跳水女子 10 米跳台冠军；

2011 年 深圳世界大学生运动会女双 10 米跳台冠军；

2012 年 国际泳联跳水系列赛阿联酋迪拜站女子单人 10 米台冠军；

2012 年 国际泳联跳水系列赛迪拜站双人 10 米台冠军）；

2012 年 国际泳联跳水系列赛莫斯科站女子单人 10 米台冠军；

2012 年 国际泳联跳水系列赛莫斯科站双人 10 米台冠军（与汪皓）；

2012 年 伦敦奥运会女子双人 10 米台冠军（与汪皓）；

2012 年 伦敦奥运会女子单人 10 米台冠军；

2013 年 国际泳联跳水系列赛莫斯科站女子单人 10 米台亚军。

王鑫

中文名：王鑫

英文名：Wang Xin

出生地：湖北武汉

国籍：中国

性别：女

身高：1.64 米

出生年月：1992.08.11

运动项目：跳水

王鑫

王鑫，中国跳水队运动员，原名王若雪，后改为王鑫。10 岁开始练习体操，两年后转为跳水，2001 年由湖北队选送，进入清华大学跳水队进行试训。其后王鑫转投天津跳水队。在 2006 年的全国青年跳水锦标赛上，王鑫凭借高难度的动作一举赢得女子 10 米跳台冠军，并成功入选国家队，凭借自己的努力，王鑫站到了奥运会的最高领奖台，让世界记住了她的笑容。

主要战绩

2006 年多哈亚运会女子 10 米台冠军；

2007 年世界锦标赛女子 10 米台冠军；

2008 年世界杯赛女子 10 米台亚军，女子 10 米台双人冠军（与陈若琳）；

2008 年好运北京跳水世界杯女子双人十米台冠军（与陈若琳）；

2008 年北京奥运会女子双人十米跳台冠军（与陈若琳）；

2008 年北京奥运会女子单人十米跳台季军；

2009 年世锦赛女双 10 米跳台冠军（与陈若琳）；

2009 年东亚运动会女子双人 10 米跳台冠军（与汪皓）；

2011 年大运会（深圳世界大学生运动会）女子单人十米跳台季军，女子 10 米台双人冠军（与陈若琳）。

火亮

中文名：火亮

英文名：Huo Liang

出生地：上海

国籍：中国

性别：男

身高：1.58 米

出生年月：1989.09.29

运动项目：跳水

火亮，奥运冠军，中国男子跳水队运动员。7 岁开始练习体操，9 岁时被上海跳水队教练胡燕挑中，改练跳水。2001 年九运会，火亮与队友唐韶韵配合夺得 10 米台双人赛第五名，由

火亮

此进入国家队师从孙淑伟教练。开始了自己的奥运历程。

主要战绩

2004 年全国冠军赛 10 米台单人冠军；

2005 年十运会男子 10 米台铜牌；

2006 年多哈亚运会男子双人 10 米台冠军（与林跃），世界杯双人 10 米跳台冠军（与林跃），国际泳联跳水大奖赛加拿大站男子双人冠军（与林跃），珠海站男子 10 米台双人冠军（与林跃）；

2007 年跳水大奖赛珠海站男子 10 米台双人冠军（与林跃）、加拿大站双人冠军（与林跃）、德国站男子 10 米台双人冠军（与林跃），国际泳联系列赛谢菲尔德站男子 10 米台双人冠军（与林跃）、墨西哥站双人冠军（与林跃）、南京站双人冠军（与林跃）；游泳世锦赛男子双人 10 米台冠军（与林跃）；

2008 年奥运会男子双人 10 米跳台金牌（与林跃），跳水世界杯男子 10 米台双人冠军（与林跃），跳水系列赛墨西哥站双人 10 米跳台银牌（与林跃）、谢菲尔德站男子单人 10 米台金牌，跳水大奖赛深圳站双人 10 米跳台金牌（与林跃）、蒙特利尔站双人 10 米跳台银牌（与林跃）；

2009 年北京奥运会男子双人 10 米跳台金牌（与林跃）；

2009 年 罗马世界游泳锦标赛男子双人 10 米台冠军（与林跃）；

2011 年国际泳联跳水系列赛谢菲尔德站男子单人 10 米跳台亚军；

2011 年第 14 届国际泳联世界锦标赛（上海）男子双人 10 米台冠军（与邱波）；

2011 年深圳第 26 届世界大学生夏季运动会跳水男子单人 10 米台第四；

2011 年深圳第 26 届世界大学生夏季运动会跳水男子双人 10 米台冠军（与林跃）；

2011 年全国跳水锦标赛暨伦敦奥运选拔赛男子单人 10 米台第八名；

2011 年全国跳水锦标赛暨伦敦奥运会选拔赛（常熟站）男子双人 10 米台第三名（与邱波）；

2011－2012 中国跳水明星系列赛（武汉站）双人 10 米台冠军（与邱波）；

2011－2012 中国跳水明星系列赛（常州站））单人 10 米台冠军；

2012 年世界跳水系列赛莫斯科站双人 10 米台第四名（433.59 分与林跃）；

2013 年国际泳联跳水大奖赛美国站男子双人 10 米台（与杨健）冠军；

2013 年国际泳联跳水大奖赛波多黎各圣胡安站男子单人 10 米台冠军。

林跃

中文名：林跃
英文名：Lin Yue
出生地：广东潮州

林跃

国籍：中国
性别：男
身高：1.57 米
出生年月：1991.07.24
运动项目：跳水

林跃，奥运冠军，中国男子跳水队跳台运动员，出自清华跳水队，后加盟北京队，13岁入选国家队，15岁代表中国队参加世锦赛，以动作难度高著称，多次在世界大赛中完成目前最高难度的 5255B（难度系数 3.8），已经成为田亮、胡佳之后又一位男子跳台新星。与火亮一起称为"月亮组合"。

重要战绩

2006 年多哈亚运会男子 10 米台冠军；

2006 年世界杯双人 10 米跳台冠军（与火亮）；

2006 年全国跳水冠军赛男子 10 米台冠军；

2007 年世界游泳锦标赛男子单人季军，双人 10 米台冠军（与火亮）；

2008 年奥运会男子 10 米跳台跳水冠军（与火亮）；

2009 年十一运会男子双人 10 米跳台跳水冠军（与曹缘）；

2009 年罗马世锦赛男子 10 米跳台跳水冠军（与火亮）；

2010 年全国锦标赛男子单人 10 米台跳水冠军；

2010 年全国跳水冠军赛男子单人 10 米台跳水季军；

2011 年全国跳水锦标赛暨伦敦奥运选拔赛单人 10 米台第四名；

2011 年全国跳水锦标赛暨伦敦奥运会选拔赛男子个人全能冠军；

2012 年伦敦奥运会男子 10 米台跳水第五名；

2012 年第 18 届国际泳联跳水世界杯单人 10 米台第六名；

2012 年全国跳水冠军赛单人 10 米台冠军；

2013 年国际泳联系列赛（北京站）林跃获得男子 10 米台冠军；

2013 年国际泳联世界跳水系列赛莫斯科站男子单人 10 米台冠军。

外国跳水明星

洛加尼斯

空中芭蕾王子

中文名：洛加尼斯

英文名：Gregory Louganis

国籍：美国

性别：男

洛加尼斯

身高：1.68 米

出生日期：1960.01.29

项目：跳水

洛加尼斯是跳水历史上最成功的运动员，有"空中芭蕾王子"之称。生于美国萨摩亚。他曾经在参加了 3 届奥运会，并且在 1984 年洛杉矶奥运会和 1988 年首尔奥运会上包揽了男子跳台和跳板单人的全部金牌，创造了跳水历史上的一个奇迹，被人们称为跳水王子。1984 年他被《国际体育通讯》评选为年度世界最佳运动员男子第 14 名，同年获美国沙利文优秀运动员奖，被誉为"飞行的上帝"。1985 年列入美国奥林匹克名人堂，1988 年被《游泳世界》评为世界最佳跳水运动员。1988 年获汉城奥运会精神奖并被选为美国国家英雄。1999 年被国际奥委会评为奥运历史上最佳 10 大男子运动员之一。

主要战绩

1976 年蒙特利尔奥运会获得跳水银牌；

1979 年世界跳水锦标赛上夺得金牌；

1984 年在洛杉矶奥运会上包揽男子跳台和跳板跳水两枚金牌；

1988 年在汉城奥运会上，卫冕奥运跳水双料冠军。

多布罗斯科克

中文名：多布罗斯科克

英文名：Dmitri Dobroskok

国籍：俄罗斯

出生地：俄罗斯

性别：男

身高：1.73 米

出生日期：1982.06.12

项目：跳水

多布罗斯科克是俄罗斯泳坛崛起的一颗新星，在 2003 年世界游泳锦标赛上一鸣惊人，高难度高质量的动作令世界震惊，被誉为"新萨乌丁"。多布罗斯科克已经和老将萨乌丁成为俄罗斯在男子 3 米跳板上的双保险。

主要战绩

2000 年悉尼奥运会，与萨乌丁联手获得男子双人 3 米板亚军；

2001 年福冈世锦赛，与萨乌丁合作获得男子双人 3 米板季军；

多布罗斯科克

2003 年世锦赛 3 米板冠军、双人 3 米板冠军（与萨乌丁配对），世界跳水大奖赛澳大利亚站 3 米板第三名、双人 3 米板亚军，莫斯科站 3 米板冠军、双人 3 米板亚军，马德里站 3 米板冠军，美国站 3 米板第六名、双人 3 米板第三名，墨西哥站 3 米板亚军、双人 3 米板冠军，罗马站 3 米板冠军；

2004 年跳水大奖赛意大利站男子 3 米板双人金牌；

2005 年世锦赛男子 3 米板第五名；

2006 年跳水世界杯男子 3 米板银牌，欧锦赛男子 1 米板、3 米板银牌。

萨乌丁

跳水沙皇

中文名：萨乌丁

英文名：Dmitry Sautin

国籍：俄罗斯

出生地：俄罗斯·沃罗涅日

萨乌丁

性别：男

身高：1.74 米

出生日期：1974.03.15

项目：跳水

萨乌丁是世界最为全面的顶尖跳水运动员，出生在俄罗斯的沃罗涅日市，七岁时开始练习跳水，在 17 岁的时候，他在乘坐公共汽车中受伤，但他仍然参加了第二年的西班牙巴塞罗纳夏季奥运会，并在跳板跳水比赛中获得铜牌，在跳台跳水名列第六。在 1996 年亚特兰大奥运会拿下了 10 米跳台冠军，成为在奥运会上赢得男子跳台金牌的第一位俄国或前苏联跳水选手。多年来一直是中国男子跳板项目上的最主要对手，被称为跳水沙皇。在萨乌丁的跳水运动生活中，总共夺取了七枚奥运奖牌，成为奥运史上夺取跳水奖牌最多的运动员。

主要战绩

1991 年欧洲锦标赛 10 米跳台亚军；

1992 年巴塞罗那奥运会 3 米板第三名；

1993 年欧洲锦标赛 10 米跳台冠军，3 米板亚军；

1994 年世界锦标赛 10 米台冠军，3 米板亚军；

1995 年欧洲锦标赛 3 米板冠军，10 米台第三；

1996 年亚特兰大奥运会 10 米台冠军；

1997 年欧洲锦标赛 3 米板冠军；

1998 年世界锦标赛 3 米板和 10 米台双料冠军；

1999 年欧洲锦标赛 10 米台冠军；

2000 年世界杯跳水赛 3 米板冠军，10 米跳台亚军，奥运会 3 米板第三，10 米台第三，10 米台双人冠军，3 米板双人亚军；

2001 年世锦赛 3 米板冠军，3 米板双人第三；

2004 年雅典奥运会上，单人跳板比赛中获得季军；

2008 年北京奥运会男子双人跳水 3 米板亚军，个人跳水 3 米板第四名；

2010 年国际泳联世界跳水系列赛青岛站男子双人 3 米板亚军（与库纳科夫）。

马休·赫尔姆

中文名：马休·赫尔姆
英文名：Mathew Helm
国籍：澳大利亚
出生地：澳大利·亚港纽卡斯尔
性别：男
身高：1.65 米
出生日期：1980.12.09
项目：跳水

马休·赫尔姆

马休·赫尔姆，1980 年 12 月 9 日出生于澳大利亚港纽卡斯尔，是澳大利亚跳水运动员，他也是多纳特俱乐部的持证救生员和教练员。曾获得过澳大利亚的福斯特体育奖。

赫尔姆 6 岁开始练习体操，并达到了国家体操的三级水平，但是后来由于胳膊受伤，不能进行吊环和艺术体操器械的练习，不得不改为跳水，也正是由于他选择了跳水，让他在跳水事业上有了突出的成就。

主要战绩

1996 年澳大利亚墨尔本青年跳水比赛，男子 3 米跳板第三名，男子 10 米跳台第四名，10 米双人跳台冠军；

1997 年新西兰跳水大奖赛，男子 10 米跳台第五名；

1998 年中国杯跳水比赛，男子 10 米跳台第四名；

1999 年新西兰惠灵顿世界跳水锦标赛，男子 10 米跳台第十二名，10 米双人跳台第二名；

2000 年中国杯，男子 10 米双人跳台第二名；

2000 年悉尼奥运会，男子 10 米跳台第八名，10 米双人跳台第五名；

2000 年澳大利亚国家跳水锦标赛，男子 10 米跳台第二名，10 米双人跳台冠军；

2000 年美国国际游联跳水大奖赛，男子双人 10 米跳台亚军；

2000 年第世界杯跳水赛，男子双人 10 米跳台亚军；

2000 年德国国际游联跳水大奖赛，男子双人 10 米跳台季军；

2001 年世界游泳锦标赛，男子 10 米跳台第三名，10 米双人跳台第四名；

2001 年澳大利亚珀斯国家锦标赛，男子 3 米跳板第四名；

2002 年西班牙世界杯决赛，男子 10 米跳台第八名，10 米双人跳台第三名；

2002 年澳洲国际游联跳水大奖赛，男子 10 米跳台冠军，男子双人 10 米跳台冠军，男子 3 米跳板季军；

2002 年第十三届世界杯跳水赛，男子双人 10 米跳台季军；

2003 年墨西哥跳水大奖赛，10 米跳台第三名，10 米双人跳台冠军；

2003 年中国珠海跳水大奖赛，10 米跳台第四名，10 米双人跳台冠军；

2003 年美国跳水大奖赛，10 米跳台亚军，10 米双人跳台亚军；

2003 年维多利亚跳水大奖赛，10 米跳台亚军，10 米双人跳台冠军。

劳拉·威尔金森

中文名：劳拉·威尔金森

英文名：Laura Wilkinson

国籍：美国

出生地：美国

性别：女

身高：1.68 米

出生日期：1977.11.17

项目：跳水

劳拉·威尔金森出生在美国，在年少时曾是一名体操运动员，不过由于身体条件的限制，最后选择了跳水。1995年被入选了美国跳水队。2000年奥运会开始前六个月威尔金森备受脚伤困扰，险些错过了奥运会，不过她还是入围了最后的名单，并在那届奥运会中获得了女子10米台单人比赛的冠军。2004年雅典奥运会她状态不佳，仅获得第五名。2005年世锦赛威尔金森再次摘得女台金牌。

劳拉·威尔金森

主要战绩

1998年跳水世界杯10米跳台第5名；

2000年悉尼奥运会10米跳台冠军；

2000年悉尼奥运会10米跳台双人第五；

2004年跳水世界杯10米跳台冠军；

2005年世锦赛10米跳台冠军；

2006年第15届跳水世界杯10米跳台第四名，跳水大奖赛美国站10米跳台第三名；

2007年墨尔本世锦赛10米跳台第四名。

拉什科

中文名：拉什科

英文名：LASHKO Irina

国籍：俄罗斯

出生地：俄罗斯

性别：女

身高：1.63米

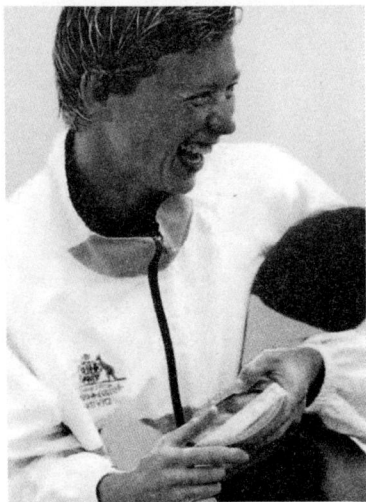

拉什科

出生日期：1973.01.25

项目：跳水

拉什科是来自于俄罗斯的一名跳水运动员，曾经多次参加过世锦赛，世界杯，奥运会等大型的体育竞赛项目，并且成绩优异。

主要战绩

1992 年奥运会，获得女子 3 米跳板亚军；

1993 年欧锦赛，女子 1 米跳板亚军；

1996 年奥运会，获女子 3 米跳板亚军；

1997 年欧锦赛，女子 1 米跳板亚军；

1998 年世锦赛，获女子 1 米跳板冠军；

1999 年欧锦赛，女子 1 米跳板亚军；

2000 年世界杯，获得女子 1 米跳板冠军；

2001 年世锦赛，代表澳大利亚参赛，获得女子 3 米跳板亚军。

哈特利

中文名：哈特利

英文名：Blythe Hartley

国籍：加拿大

性别：女

身高：1.63 米

出生日期：1982.05.02

项目：跳水

哈特利出生于加拿大埃德蒙顿，12 岁起练习跳水，是加拿大水平最高的跳水选手之一。2006 年从南加利佛尼亚大学毕

哈特利

业，获得了传媒学位。2001 年她获得了个人第一枚世锦赛金牌。

主要战绩

1998 年英联邦运动会 1 米跳板亚军、10 米跳台第四名；

1999 年泛美运动会 10 米跳台亚军、3 米跳板第三名，世青赛 1 米板冠军、10 米台冠军和 3 米板亚军；

2000 年奥运会三米板第十名、3 米板双人赛第五名，世界杯 3 米板双人赛第七名；

2001 年世锦赛女子 1 米板冠军；

2003 年泛美运动会 3 米板个人、双人金牌，10 米台铜牌；

2004 年奥运会 10 米台双人赛第三名（和海曼斯）；

2005 年世锦赛女子 1 米板冠军；

2007 年世锦赛女子 1 米板银牌；

2008 年奥运会女子 3 米板个人第四名。

德斯帕蒂

中文名：德斯帕蒂

英文名：Alexandre Despatie

国籍：加拿大

性别：男

身高：1.68 米

出生日期：1985.06.08

项目：跳水

跳水后起之秀，被认为是今后几年对中国选手威胁最大的运动员。2007 年跳水世界锦标赛加拿大站的比赛上，力挫群雄，战胜中国小将何冲、周吕鑫等获得金牌．并且创造了一项

德斯帕蒂

吉尼斯世界纪录——他是世界上第一位，也是唯一一位在跳水比赛中总分超过 800 分的运动员．由于赛后国际泳联修改了比赛规则，半决赛的成绩将不被带入决赛，因此日后几乎没有人能够打破这项纪录了。他也

是加拿大第一个跳水世界冠军。

主要战绩

1998 年英联邦运动会男子 10 米跳台冠军；

1999 年世青赛男子 1 米、3 米跳板冠军；

2000 年奥运会男子 10 米跳台第四名；

2001 年世锦赛男子 10 米跳台亚军；

2003 年世锦赛男子 10 米跳台冠军；

2004 年世界杯跳水赛男子 3 米跳板冠军，大奖赛俄罗斯站男子 3 米跳板、10 米跳台冠军，雅典奥运会男子 3 米板银牌；

2005 年世锦赛男子 1 米板、3 米板金牌；

2007 年世锦赛男子 3 米板银牌、双人赛银牌（与米兰达），大奖赛珠海站男子双人 3 米板银牌（与米兰达），加拿大站 3 米板单人、双人赛冠军（与米兰达），跳水系列赛英国站男子 3 米板单人、双人 3 米板银牌（与米兰达），墨西哥站男子 3 米板单人第 3、双人 3 米板银牌（与米兰达），南京站男子 3 米板单人第三、双人 3 米板银牌（与米兰达）；

2008 年北京奥运会男子 3 米板银牌；

2012 年第 18 届国际泳联跳水世界杯男子单人 3 米板季军，国际泳联跳水大奖赛加拿大站单人 3 米板亚军。

PART 11 历史档案

历届奥运会跳水运动成绩

1904 年第 3 届美国圣路易斯奥运会

男子跳水跳远：

冠军：美国的油基（William Paul Dickey）19.05 米

亚军：美国的亚当斯尼（Edgar Adams）17.53 米

季军：美国的古德温（Leo Goodwin）17.37 米

男子跳台：

冠军：美国的谢尔登（George Sheldon）12.66 分

亚军：德国的霍夫曼（Georg Hoffmam）11.66 分

季军：美国的凯欧（Frank Kehoe）、德国的布劳恩斯魏格（Alfred Braunschweiger）11.33 分

1908 第 4 届英国伦敦奥运会

男子跳板：

冠军：德国的齐纳（Albert Zürner）85.50 分

亚军：德国的贝伦斯（Kurt Behrens）85.30 分

季军：美国的盖德齐克（George Gaidzik）、德国的瓦尔茨（Gottlob Walz）80.80 分

男子跳台：

冠军：瑞典的约翰松（Hjalmar Johansson）83.75 分

亚军：瑞典的马尔斯特隆（Karl Malmstrom）78.73 分

季军：瑞典的斯潘贝里（Arvid Spangberg）74.00 分

1912 第 5 届瑞典斯德哥尔摩奥运会

男子跳板

冠军：德国的京特（Paul Günther）79.23 分

亚军：德国的卢贝（Hans Luber）76.78 分

季军：德国的贝伦斯（Kurt Behrens）73.73 分

男子跳台

冠军：瑞典的阿德勒斯（Erik Adlerz）73.94 分

亚军：德国的齐纳（Albert Zürner）72.60 分

季军：瑞典的布洛姆格伦（Gustaf Blomgren）69.56 分

男子跳台（简易）

冠军：瑞典的阿德勒斯（Erik Adlerz）40.00 分

亚军：瑞典的约翰松（Hjalmar Johansson）39.30 分

季军：瑞典的扬松（John Jansson）39.10 分

女子跳台

冠军：瑞典的约翰松（Gargareta Johansson）39.90 分

亚军：瑞典的雷内尔（Lisa Regnell）36.00 分

季军：英国的怀特（Isobel White）34.00 分

1920 第 7 届比利时安特卫普奥运会

男子跳板

冠军：美国的库恩（Louis Kuehn）675.40 分

亚军：美国的平克斯顿（Clarence Pinkston）655.30 分

季军：美国的巴尔巴克（Louis Balbach）649.50 分

男子跳台

冠军：美国的平克斯顿（Clarence Pinkston）100.67 分

亚军：瑞典的阿德勒斯（Erik Adlerz）99.08 分

季军：美国的普里斯特（Harry Prieste）93.73 分

空中芭蕾——跳水

男子跳台（简易）

冠军：瑞典的瓦尔曼（Arvid Wallman）183.50分

亚军：瑞典的斯科格伦德（Nils Skoglund）183.00分

季军：瑞典的扬松（John Jansson）175.00分

女子跳板

冠军：美国的里京（Aileen Riggin）539.90分

亚军：美国的温赖特（Helen Wainwright）534.80分

季军：美国的佩恩（Thelma Payne）534.10分

女子跳台

冠军：丹麦的克劳森（Stefani Clausen）34.6分

亚军：英国的阿姆斯特朗（Eileen Armstrong）33.3分

季军：瑞典的奥利维尔（Eva Olliwer）33.3分

1924 第8届法国巴黎奥运会

男子跳板

冠军：美国的怀特（Albert White）696.4分

亚军：美国的德斯贾丁斯（Pete Desjardins）693.2分

季军：美国的平克斯顿（Clarence Pinkston）653.0分

男子跳台

冠军：美国的怀特（Albert White）97.46分

亚军：美国的福尔（David Fall）97.30分

季军：美国的平克斯顿（Clarence Pinkston）94.60分

男子跳台（简易）

冠军：澳大利亚的伊夫（Richmond Eve）160.00分

亚军：瑞典的扬松（John Jansson）157.00分

季军：英国的克拉克（Harold Clarke）158.00分

女子跳板

冠军：美国的贝克尔（Elizabeth Becker）474.50分

亚军：美国的里金（Aileen Riggin）460.40分

季军：美国的弗莱彻（Caroline Fletcher）436.40分

女子跳台

冠军：美国的史密斯（Caroline Smith）33.20 分

亚军：贝克尔美国的（Elizabeth Becker）33.40 分

季军：特佩尔瑞典的（Hjordis Topel）32.80 分

1928 第 9 届荷兰阿姆斯特朗丹奥运会

男子跳板

冠军：美国的德斯贾丁斯（Pete Desjardins）185.04 分

亚军：美国的加利曾（Michael Galitzen）174.06 分

季军：埃及的西迈卡（Farid Simaike）99.58 分

男子跳台

冠军：美国的德斯贾丁斯（Pete Desjardins）98.74 分

亚军：埃及的西迈卡（Farid Simaike）99.58 分

季军：美国的加利曾（Michael Galitzen）92.34 分

女子跳板

冠军：美国的米尼（Helen Meany）78.62 分

亚军：美国的波因顿（Dorothy Poynton）75.62 分

季军：美国的科尔曼（Georgia Coleman）73.38 分

女子跳台

冠军：美国的平克斯顿（Becker Pinkston）31.60 分

亚军：美国的科尔曼（Georgia Coleman）30.60 分

季军：瑞典的肖奎斯特（Lala Sjoquist）29.20 分

1932 年第 10 届美国洛杉矶奥运会

男子跳板

冠军：美国的加利曾（Michael Galitzen）161.38 分

亚军：美国的史密斯（Harold Smith）158.54 分

季军：美国的德根纳（Richard Degener）151.82 分

男子跳台

冠军：美国的史密斯（Harold Smith）124.80 分

亚军：美国的加利曾（Michael Galitzen）124.28 分

季军：美国的库波（Frank Kurtz）121.98 分

女子跳板

冠军：美国的科尔曼（Georgia Coleman）87.52 分

亚军：美国的罗尔斯（Katherine Rawls）82.56 分

季军：美国的方茨（Jane Fauntz）82.12 分

女子跳台

冠军：美国的波因顿（Dorothy Poynton）40.26 分

亚军：美国的科尔曼（Georgia Coleman）35.56 分

季军：美国的罗伯（Marion Roper）35.22 分

1936 年第 11 届德国柏林奥运会

男子跳板

冠军：美国的德根纳（Richard Degener）163.57 分

亚军：美国的韦思（Marshall Wayne）159.56 分

季军：美国的格林（Albert Greene）146.29 分

男子跳台

冠军：美国的韦思（MarshalI Wayne）113.58 分

亚军：美国的鲁特（Elbert Root）110.60 分

季军：德国的斯托克（Hermann Stork）110.31 分

女子跳板

冠军：美国的杰斯特林（Marjorie Gestring）89.27 分

亚军：美国的罗尔斯（Katherine Rawls）88.35 分

季军：美国的波因顿·希尔（Dorothy Poynton – Hill）82.36 分

女子跳台

冠军：美国的波因顿·希尔（Dorothy Poynton – Hill）33.93 分

亚军：美国的邓恩（Velma Dunn）33.63 分

季军：德国的克勒（Kathe Kohler）33.43 分

1948 年第 14 届英国伦敦奥运会

男子跳板

冠军：美国的哈伦（Bruce Harlan）163.64 分

亚军：美国的安德森（Miller Anderson）157.29 分

季军：美国的李（Samuel Lee）145.52 分

男子跳台

冠军：美国的李（Samuel Lee）130.05 分

亚军：美国的哈伦（Bruce Harlan）122.30 分

季军：墨西哥的卡皮利亚·佩雷斯（Joaquin Capilla Peres）113.52 分

女子跳板

冠军：美国的德雷弗斯（Victoria Draves）108.74 分

亚军：美国的奥尔森（Zoe Olsen）108.23 分

季军：美国的埃尔森纳（Patricia Elsener）101.30 分

女子跳台

冠军：美国的德雷弗斯（Victoria Draves）68.87 分

亚军：美国的埃尔森纳（Patricia Elsener）66.28 分

季军：丹麦的克里斯托弗森（Birte Christoffersen）66.04 分

1952 年第 15 届芬兰赫尔辛基奥运会

男子跳板

冠军：美国的布朗宁（David Browning）205.29 分

亚军：美国的安德森（Miller Anderson）199.84 分

季军：美国的克洛特沃西（Robert Clotworthy）184.92 分

男子跳台

冠军：美国的李（Samuel Lee）156.28 分

亚军：墨西哥的佩雷斯（Joaquin Pérez）145.21 分

季军：德国的哈泽（Günther Haase）141.31 分

女子跳板

冠军：美国的麦考密克（Patricia McCormick）147.30 分

亚军：法国的莫罗（Madeleine Moreau）139.34 分

季军：美国的詹森 – 奥尔森（Zoe Jensen – Olsen）127.57 分

女子跳台

冠军：美国的麦考密克（Patricia McCormick）79.37 分

亚军：美国的迈尔斯（Paula Myers）71.63 分

季军：美国的欧文（Juno Irwin）70.49 分

1956 年第 16 届澳大利亚墨尔本奥运会

男子跳板

冠军：美国的克洛特沃西（Robert Clotworthy）159.56 分

亚军：美国的哈珀（Donald Harper）156.23 分

季军：墨西哥的佩雷斯（Joaquin Pérez）150.69 分

男子跳台

冠军：墨西哥的佩雷斯（Joaquin Pérez）152.44 分

亚军：美国的托比恩（Gary Tobian）152.41 分

季军：美国的康诺尔（Richard Connor）149.79 分

女子跳板

冠军：美国的麦考密克（Patricia McCormick）142.36 分

亚军：美国的斯图尼奥（Jeanne Stunyo）125.89 分

季军：加拿大的麦克唐纳（Irene MacDonald）121.40 分

女子跳台

冠军：美国的麦考密克（Patricia McCormick）84.85 分

亚军：美国的欧文（Juno Irwin）81.64 分

季军：美国的迈尔斯（Paula Myers）81.58 分

1960 年第 17 届意大利罗马奥运会

男子跳板

冠军：美国的托比恩（Gary Tobian）170.00 分

亚军：美国的霍尔（Samuel Hall）167.08 分

季军：墨西哥的博特拉（Juan Botella）162.30 分

男子跳台

冠军：美国的韦伯斯特（Robert Webster）165.56分

亚军：美国的托比恩（Gary Tobian）165.25分

季军：英国的费尔普斯（Brian Phelps）157.13分

女子跳板

冠军：德国的克雷默（Ingrid Kramer）155.81分

亚军：美国的波普（Paula Pope）141.24分

季军：英国的费里斯（Elizabeth Ferris）139.09分

女子跳台

冠军：德国的克雷默（Ingrid Kramer）91.28分

亚军：美国的波普（Paula Pope）88.94分

季军：苏联的克鲁托娃（Ninel Krutova）86.99分

1964年第18届日本东京奥运会

男子跳板

冠军：美国的西茨伯格（Kenneth Sitzberger）159.90分

亚军：美国的戈尔曼（Francis Gorman）157.63分

季军：美国的安德列亚森（Larry Andreasen）143.77分

男子跳台

冠军：美国的韦伯斯特（Robert Webster）148.58分

亚军：意大利的迪比亚西（Klaus Dibiasi）147.54分

季军：美国的冈普夫（Thomas Gompf）146.57分

女子跳板

冠军：德国的恩格尔·克雷默（Ingrid Engel – Kramer）145.00分

亚军：美国的科利尔（Jeanne Collier）138.36分

季军：美国的威拉德（Mary Willard）l38.18分

女子跳台

冠军：美国的布什（Lesley Bush）99.80分

亚军：德国的恩格尔 – 克雷默（Ingrid Engel – Kramer）98.45分

季军：苏联的阿列克谢耶娃（Galina Alekseyeva）97.60分

1968 年第 19 届墨西哥墨西哥城奥运会

男子跳板

冠军：美国的赖特森（BBernie Wrightson）170. 15 分

亚军：意大利的迪比亚西（Klaus Dibiasi）159. 74 分

季军：美国的亨利（James Henry）158. 09 分

男子跳台

冠军：意大利的迪比亚西（Klaus Dibiasi）164. 18 分

亚军：墨西哥的加希奥拉（Alvaro Gaxiola）154. 49 分

季军：美国的扬（Edwin Young）153. 93 分

女子跳板

冠军：美国的戈西克（Sue Gossick）150. 77 分

亚军：苏联的波戈斯切娃（Tamara Pogosheva）145. 30 分

季军：美国的奥沙利文（Keala OSullivan）145. 23 分

女子跳台

冠军：捷克斯洛伐克的杜赫科娃（Milena Duchková）109. 59 分

亚军：苏联的洛巴诺娃（Natalya Lobanova）105. 14 分

季军：美国的彼得森（Ann Peterson）101. 11 分

1972 年第 20 届西德慕尼黑奥运会

男子跳板

冠军：苏联的瓦辛（Vladimir Vasin）594. 09 分

亚军：意大利的卡尼奥托（Giorgio " Franco" Cagnotto）591. 63 分

季军：美国的林肯（Craig Lincoln）577. 29 分

男子跳台

冠军：意大利的迪比亚西（Klaus Dibiasi）504. 12 分

亚军：美国的赖兹（Richard Rydze）480. 75 分

季军：意大利的卡尼奥托（Giorgio " Franco" Cagnotto）475. 83 分

女子跳板

冠军：美国的金（Maxine " Micki" King）450. 03 分

亚军：瑞典的克纳普（Ulrika Knape）434.19 分

季军：民主德国的雅尼克（Marina Janicke）430.92 分

女子跳台

冠军：瑞典的克纳普（Ulrika Knape）390.00 分

亚军：捷克斯洛伐克的杜赫科娃（Milena Duchková）370.92 分

季军：民主德国的雅尼克（Marina Janicke）360.54 分

1976 年第 21 届加拿大蒙特利尔奥运会

男子跳板

冠军：美国的博格斯（Phil Boggs）619.05 分

亚军：意大利的卡尼约托（Giorgio "Franco" Cagnotto）570.48 分

季军：苏联的科森科夫（Aleksandr Kosenkov）567.24 分

男子跳台

冠军：意大利的迪比亚西（Klaus Dibiasi）600.51 分

亚军：美国的洛加尼斯（Greg Louganis）576.99 分

季军：苏联的阿列伊尼克（Vladimir Aleynik）548.61 分

女子跳板

冠军：美国的钱德勒（Jennifer – Chandler）506.19 分

亚军：民主德国的科勒（Christa Köhler）469.41 分

季军：美国的波特（Cynthia Potter）466.83 分

女子跳台

冠军：苏联的瓦伊采霍夫斯卡娅（Yelena Vaytsekhovskaya）406.59 分

亚军：瑞典的克纳普（Ulrika Knape）402.60 分

季军：美国的威尔逊（Deborah Wilson）401.07 分

1980 年第 22 届苏联莫斯科奥运会

男子跳板

冠军：苏联的波尔特诺夫（Aleksandr Portnov）905.025 分

亚军：墨西哥的希龙（Carlos Girón）892.140 分

季军：意大利的卡尼约托（Giorgio "Franco" Cagnotto）871.500 分

男子跳台

冠军：民主德国的霍夫曼（Falk Hoffmann）835.650 分

亚军：苏联的阿莱尼克（Vladimir Aleynik）819.705 分

季军：苏联的安巴尔楚米扬（David Ambartsumyan）817.440 分

女子跳板

冠军：苏联的卡利尼娜（Irina Kalinina）725.910 分

亚军：民主德国的普勒贝尔（Martina Proeber）698.895 分

季军：民主德国的古特克（Karin Guthke）685.245 分

女子跳台

冠军：民主德国的耶施克（Martina Jāschke）596.250 分

亚军：苏联的埃米尔吉扬（Servard Emirzyan）576.465 分

季军：苏联的佐塔泽（Liana Tsotadze）575.925 分

1984 年第 23 届美国洛杉矶奥运会

男子跳板

冠军：美国的洛加尼斯（Greg Louganis）754.41 分

亚军：中国的谭良德 662.31 分

季军：美国的梅里奥特（Ronald Merriott）661.32 分

男子跳台

冠军：美国的洛加尼斯（Greg Louganis）710.91 分

亚军：美国的金保（Bruce Kimball）643.50 分

季军：中国的李孔政 638.28 分

女子跳板

冠军：加拿大的伯尼埃（Sylvie Bernier）530.70 分

亚军：美国的麦考密克（Kelly McCormick）527.46 分

季军：美国的索伊弗特（Christina Seufert）517.62 分

女子跳台

冠军：中国的周继红 435.51 分

亚军：美国的米切尔（Michele Mitchell）431.19 分

季军：美国的怀兰（Wendy Wyland）422.07 分

1988 年第 24 届韩国汉城奥运会

男子跳板
冠军：美国的洛加尼斯（Greg Louganis）730.80 分
亚军：中国的谭良德 704.88 分
季军：中国的李德亮 665.28 分
男子跳台
冠军：美国的洛加尼斯（Greg Louganis）638.61 分
亚军：中国的熊倪 637.47 分
季军：墨西哥的梅纳（Jesús Mena）594.39 分
女子跳板
冠军：中国的高敏 580.23 分
亚军：中国的李青 534.33 分
季军：美国的麦考密克（Kelly McCormick）533.19 分
女子跳台
冠军：中国的许艳梅 445.20 分
亚军：美国的切尔（Michele Mitchell）438.95 分
季军：美国的威廉斯（Wendy Lian Williams）400.44 分

1992 年第 25 届西班牙巴塞罗那奥运会

男子跳板
冠军：美国的伦奇（Mark Lenzi）676.53 分
亚军：中国的谭良德 645.57 分
季军：独联体的萨乌丁（Dmitriy Sautin）627.78 分
男子跳台
冠军：中国的孙淑伟 677.31 分
亚军：美国的多尼（Scott Donie）633.63 分
季军：中国的熊倪 600.15 分
女子跳板
冠军：中国的高敏 572.40 分

亚军：独联体的拉什科（Irina Lashko）514.14分

季军：德国的巴尔杜斯（Brita Baldus）503.07分

女子跳台

冠军：中国的伏明霞461.43分

亚军：独联体的米罗申娜（Yelena Miroshina）411.63分

季军：美国的克拉克（Mary Ellen Clark）401.91分

1996年第26届美国亚特兰大奥运会

男子跳板

冠军：中国的熊倪701.46分

亚军：中国的余卓成690.93分

季军：美国的伦奇（Mark Lenzi）686.49分

男子跳台

冠军：俄罗斯的萨乌丁（Dmitriy Sautin）692.34分

亚军：德国的亨佩尔（Jan Hempel）663.27分

季军：中国的肖海亮658.20分

女子跳板

冠军：中国的伏明霞547.68分

亚军：俄罗斯的拉什科（Irina Lashko）512.19分

季军：加拿大的佩利特尔（Annie Pelletier）509.64分

女子跳台

冠军：中国的伏明霞521.58分

亚军：德国的瓦尔特（Annika Walter）479.22分

季军：美国的克拉克（Mary Ellen Clark）472.95分

2000年第27届澳大利亚悉尼奥运会

男子跳板

冠军：中国的熊倪708.72分

亚军：墨西哥的费尔南多·普拉塔斯（Fernando Platas）708.42分

季军：俄罗斯的迪米特里·萨乌丁（Dmitry Sautin）703.20分

熊倪在比赛中

男子跳台

冠军：中国的田亮 724.53 分

亚军：中国的胡佳 713.55 分

季军：俄罗斯的迪米特里·萨乌丁（Dmitry Sautin）679.26 分

男子跳板双人

冠军：中国的肖海亮、熊倪 365.58 分

亚军：俄罗斯的亚历山大·多布罗斯科克（Alexandre Dobroskok）、迪米特里·萨乌丁（Dmitry Sautin）329.97 分

季军：澳大利亚的罗伯特·纽贝里（Robert Newbery）、迪恩·普拉尔（Dean Pullar）322.86 分

男子跳台双人

冠军：俄罗斯的伊戈尔·卢卡辛（Igor Loukachine）、迪米特里·萨乌丁（Dmitry Sautin）365.04 分

亚军：中国的胡佳、田亮 358.74 分

季军：德国的扬·亨佩尔（Jan Hempel）、海科·迈耶（Heiko Meyer）338.88 分

田亮亲吻奖牌

女子跳板

冠军：中国的伏明霞 609.42 分

亚军：中国的郭晶晶 597.81 分

季军：德国的多尔特·林德内尔（Doerte Lindner）574.35 分

女子跳台

冠军：美国的劳拉·威尔金森（Laura Wilkinson）543.75 分

亚军：中国的李娜 542.01 分

季军：加拿大的安妮·蒙特米妮（Anne Montminy）540.15 分

女子跳板双人

冠军：俄罗斯的维拉·伊琳娜（Vera Ilyina）、尤里娅·帕卡琳娜（Yulia Pakhalina）332.64 分

亚军：中国的郭晶晶、伏明霞 321.60 分

季军：乌克兰的甘娜·索罗金娜（Ganna Sorokina）、奥列娜·舒佩娜（Olena Zhupina）290.34 分

女子跳台双人

冠军：中国的李娜、桑雪 345.12 分

亚军：加拿大的埃米莉·海曼斯（Emilie Heymans）、安妮·蒙特米尼（Anne Montminy）312.03 分

季军：澳大利亚的里贝卡·吉尔莫（Rebecca Gilmore）、洛迪·图尔基（Loudy Tourky）301.50 分

2004 年 28 届希腊雅典奥运会

男子跳板

冠军：中国的彭勃 787.38 分

亚军：加拿大的亚历山大·德斯帕蒂（Alexandre Despatie）755.97 分

季军：俄罗斯的迪米特里·萨乌丁（Dmitry Sautin）753.27 分

男子跳台

冠军：中国的胡佳 748.08 分

亚军：澳大利亚的马修·赫尔姆（Mathew Helm）730.56 分

季军：中国的田亮 729.66 分

男子跳板双人

冠军：希腊的尼科拉奥斯·希拉尼蒂斯（Nikolaos Siranidis）、托马斯·比米斯（Thomas Bimis）353.34 分

亚军：德国的安德列亚斯·威尔斯（Andreas Wels）、托比亚斯·施伦伯格（Tobias Schellenberg）350.01 分

季军：澳大利亚的罗伯特·纽贝里（Robert Newbery）、斯蒂文·巴

内特（Steven Barnett）349.59分

男子跳台双人

冠军：中国的田亮、杨景辉383.88分

亚军：英国的彼得·沃特菲尔德（Peter Waterfield）、莱昂·泰勒（Leon Taylor）371.52分

季军：澳大利亚的罗伯特·纽贝里（Robert Newbery）、马修·赫尔姆（Mathew Helm）366.84分

女子跳板

冠军：中国的郭晶晶633.15分

亚军：中国的吴敏霞612.00分

季军：俄罗斯的尤里娅·帕卡琳娜（Yulia Pakhalina）610.62分

郭晶晶获得冠军

女子跳台

冠军：澳大利亚的尚泰尔·纽贝里（Chantelle Newbery）590.31分

亚军：中国的劳丽诗576.31分

季军：澳大利亚的劳迪·图尔基（Loudy Tourky）561.66分

女子跳板双人

冠军：中国的郭晶晶、吴敏霞336.90分

亚军：俄罗斯的维拉·伊琳娜（Vera Ilyina）、尤里娅·帕卡琳娜（Yulia Pakhalina）330.84分

季军：澳大利亚的伊琳娜·拉什科（Irina Lashko）、尚泰尔·纽贝里（Chantelle Newbery）309.30分

女子跳台双人

冠军：中国的劳丽诗、李婷352.14分

亚军：俄罗斯的娜塔丽娅·冈查洛娃（Natalia Goncharova）、尤里娅·科尔图诺娃（Yulia Koltunova）340.92分

季军：加拿大的埃米莉·海曼斯（Emilie Heymans）、布里斯·哈

特利（Blythe Hartley）327. 78 分

2008 年第 29 届中国北京奥运会

男子跳板

冠军：中国的何冲 572. 90 分

亚军：加拿大的亚历山大·德斯帕蒂（Alexandre Despatie）536. 65 分

季军：中国的秦凯 530. 10 分

男子跳台

冠军：澳大利亚的米查姆（Matthew Mitcham）537. 95 分

亚军：中国的周吕鑫 533. 15 分

季军：俄罗斯的加尔佩林（Gleb Galperin）525. 80 分

男子跳板双人

冠军：中国的王峰、秦凯 469. 08 分

亚军：俄罗斯的萨乌丁（Dmitry Sautina）、库纳科夫（Yuriy Kunakov）421. 98 分

季军：乌克兰的伊利娅·克瓦沙（Illya Kvasha）、阿列克西·普雷格罗夫（Oleksiy Prygorov）415. 05 分

男子跳台双人

冠军：中国的林跃、火亮 468. 18 分

亚军：德国的帕特里克·豪斯丁（Patrick Hausding）、萨沙·克莱因（Sascha Klein）450. 42 分

季军：俄罗斯的加尔佩林（Gleb Galperin）、多布罗斯科克（Dmitri Dobroskok）445. 26 分

女子跳板

冠军：中国的郭晶晶 415. 35 分

亚军：俄罗斯的尤利娅·帕哈莉娜（Yulia Pahalina）398. 60 分

季军：中国的吴敏霞 389. 85 分

女子跳台

冠军：中国的陈若琳 447. 70 分

亚军：加拿大的海曼斯（EmilieHeymans）437.05分

季军：中国的王鑫429.90分

陈若琳完美动作

女子跳板双人

冠军：中国的郭晶晶、吴敏霞343.50分

亚军：俄罗斯的尤利娅·帕哈莉娜（Yulia Pahalina）、阿纳斯塔西娅·波兹尼亚科娃（Anastasia Pozdniakova）323.61分

季军：德国的迪特·科齐安（Ditte Kotzian）、菲舍尔（Heike Fischer）318.90分

女子跳台双人

冠军：中国的陈若琳、王鑫363.54分

亚军：澳大利亚的布里奥妮·科尔（Briony Cole）、梅丽莎·吴（Melissa Wu）335.16分

季军：墨西哥的帕奥拉·埃斯皮诺萨·桑切斯（Espinosa Sanchez Paola）、塔蒂亚娜·奥尔蒂斯（Tatiana Ortiz）330.06分

2012年第30届英国伦敦奥运会

男子跳板

冠军：俄罗斯的伊利亚·扎哈罗夫（Zakharov Ilya）555.90分

亚军：中国的秦凯541.75分

季军：中国的何冲524.15分

男子跳台

冠军：美国的大卫·鲍迪亚（Boudia David）568.65分

亚军：中国的邱波566.85分

季军：英国的托马斯·戴利（Dalek Thomas）556.95分

男子跳板双人

冠军：中国的罗玉通、秦凯477.00分

亚军：俄罗斯的伊利亚·扎哈罗夫（Zakharov Ilya）、叶夫根尼·库

兹涅佐夫（Kuznetsov Evgeny）459.63 分

季军：美国的特洛伊·杜麦斯（Dumats Troy）、克里斯蒂安·伊普森（Ipsen Kristian）446.70 分

男子跳台双人

冠军：中国的曹缘、张雁全 486.76 分

亚军：墨西哥的伊万·加西亚·纳瓦罗（Garcia Navarro Ivan）、杰曼·桑切斯·桑切斯（Sanchez Sanchez German）468.90 分

季军：美国的大卫·布蒂亚（Boudia David）、尼古拉斯·麦克科洛里（Mecrory Nicholas）463.47 分

女子跳板

冠军：中国的吴敏霞 414.00 分

亚军：中国的何姿 379.20 分

季军：墨西哥的劳拉·桑切斯·索托（Sanchez Soto Leura）362.40 分

女子跳台

冠军：中国的陈若琳 422.30 分

亚军：澳大利亚的不列塔尼·布洛本（Broben Brittany）366.50 分

季军：马来西亚的潘德勒拉·利农·帕姆格（Pamg Pandelela Ri-nong）359.20 分

女子跳板双人

冠军：中国的陈若琳、汪皓 368.40 分

亚军：墨西哥的帕奥拉·埃斯皮诺萨·桑切斯（Espinosa Sanchez Paola）、亚历杭德拉·奥罗斯科·洛萨（Orozco Loza Alejandra）343.32 分

季军：加拿大的米格汗·贝尼菲托（Benfeito Meaghan）、罗瑟琳·菲里昂（Filion Roseline）337.62 分

历届世界杯跳水运动成绩历史记录

男子跳台

1979 年 美国的洛加尼斯获得冠军

1981 年 中国的李宏平获得冠军

1983 年 美国的洛加尼斯获得冠军

1985 年 中国的李孔政获得冠军

1987 年 美国的金博尔获得冠军

1989 年 中国的熊倪获得冠军

1991 年 中国的孙淑伟获得冠军

1993 年 中国的熊倪获得冠军

1995 年 中国的孙淑伟获得冠军

1997 年 俄罗斯的萨乌丁获得冠军

1999 年 中国的田亮获得冠军

2000 年 中国的田亮获得冠军

2002 年 中国的田亮获得冠军

田亮获得冠军

2004 年 中国的田亮获得冠军

2006 年 中国的周吕鑫获得冠军

2008 年 德国的克莱因获得冠军

2010 年 澳大利亚的马休·米查姆获得冠军

2012 年 中国的邱波获得冠军

男子跳板

1979 年 英国的斯诺德获得冠军

1981 年 墨西哥的吉龙获得冠军

1983 年 美国的洛加尼斯获得冠军

1985 年 中国的谭良德获得冠军

1987 年 美国的洛加尼斯获得冠军

1989 年 中国的谭良德获得冠军

1991 年 美国的伦兹获得冠军

1993 年 中国的余卓成获得冠军

1995 年 俄罗斯的萨乌丁获得冠军

1997 年 俄罗斯的萨乌丁获得冠军

1999 年 墨西哥的普拉塔斯获得冠军

2000 年 俄罗斯的萨乌丁获得冠军

2002 年 俄罗斯的萨乌丁获得冠军

2004 年 加拿大的德斯帕蒂获得冠军

2006 年 中国的何冲获得冠军

2008 年 中国的何冲获得冠军

2010 年 中国的何冲获得冠军

2012 年 中国的何冲获得冠军

男子双人跳台

1995 年 中国的田亮、肖海亮获得冠军

1997 年 中国的黄强、李成伟获得冠军

何冲在比赛中

1999 年 中国的田亮、孙淑伟获得冠军

2000 年 中国的田亮、黄强获得冠军

2002 年 中国的田亮、罗玉通获得冠军

2004 年 中国的田亮、杨景辉获得冠军

2006 年 中国的林跃、火亮获得冠军

2008 年 中国的林跃、火亮获得冠军

林跃、火亮获得冠军

2010 年 中国的张雁全、曹缘获得冠军

2012 年 中国的张雁全、曹缘获得冠军

男子双人跳板

1995 年 美国的阿利、凯文麦克马洪获得冠军

1997 年 中国的贡明、徐浩获得冠军

1999 年 中国的余卓成、肖海亮获得冠军

2000 年 中国的熊倪、肖海亮获得冠军

2002 年 中国的王峰、王天凌获得冠军

2004 年 中国的彭勃、王克楠获得冠军

2006 年 中国的王峰、何冲获得冠军

2008 年 中国的王峰、秦凯获得冠军

2010 年 中国的秦凯、罗玉通获得冠军

2012 年 中国的秦凯、罗玉通获得冠军

女子跳台

1979 年 苏联的卡利尼娜获得冠军

1981 年 中国的陈肖霞获得冠军

1983 年 中国的陈肖霞获得冠军

1985 年 美国的米切尔获得冠军

1987 年 中国的许艳梅获得冠军

1989 年 美国的威廉姆斯获得冠军

1991 年 苏联的米罗什娜获得冠军

1993 年 中国的池彬获得冠军

1995 年 中国的池彬获得冠军

1997 年 加拿大的傅伊洛获得冠军

1999 年 中国的桑雪获得冠军

2000 年 中国的李娜获得冠军

2002 年 中国的劳丽诗获得冠军

2004 年 美国的威尔金森获得冠军

2006 年 中国的贾童获得冠军

2008 年 中国的陈若琳获得冠军

2010 年 中国的胡亚丹获得冠军

2012 年 中国的陈若琳获得冠军

女子跳板

1979 年 澳大利亚的麦克法兰获得冠军

1981 年 中国的史美琴获得冠军

1983 年 中国的李艺花获得冠军

1985 年 中国的李艺花获得冠军

1987 年 中国的高敏获得冠军

1989 年 中国的高敏获得冠军

1991 年 德国的巴尔达斯获得冠军

1993 年 中国的谈淑萍获得冠军

1995 年 中国的伏明霞获得冠军

1997 年 加拿大的布尔默获得冠军

1999 年 中国的梁小桥获得冠军

2000 年 中国的郭晶晶获得冠军

2002 年 中国的郭晶晶获得冠军

2004 年 俄罗斯的帕卡琳娜获得冠军

2006 年 中国的吴敏霞获得冠军

2008 年 中国的吴敏霞获得冠军

2010 年 中国的何姿获得冠军

2012 年 中国的吴敏霞获得冠军

女子双人跳台

1995 年 中国的郭晶晶、王睿获得冠军

1997 年 中国的王睿、池彬获得冠军

1999 年 中国的李娜、桑雪获得冠军

2000 年 中国的李娜、桑雪获得冠军

2002 年 中国的李婷、劳丽诗获得冠军

2004 年 中国的李婷、劳丽诗获得冠军

2006 年 中国的陈若琳、贾童获得冠军

2008 年 中国的陈若琳、王鑫获得冠军

2010 年 中国的陈若琳、汪皓获得冠军

2012 年 中国的陈若琳、汪皓获得冠军

女子双人跳板

1995 年 中国的郭晶晶、邓玲获得冠军

1997 年 中国的张晶、石磊获得冠军

1999 年 中国的郭晶晶、杨兰获得冠军

2000 年 俄罗斯的伊莲娜、帕卡琳娜获得冠军

2002 年 俄罗斯的伊莲娜、帕卡琳娜获得冠军

2004 年 中国的郭晶晶、吴敏霞获得冠军

2006 年 中国的郭晶晶、李婷获得冠军

2008 年 中国的郭晶晶、吴敏霞获得冠军

2010 年 中国的吴敏霞、何姿获得冠军

2012 年 中国的吴敏霞、何姿获得冠军

历届世界锦标赛跳水运动成绩
历史记录

男子跳台

1973 年 意大利的迪比亚斯获得冠军

1975 年 意大利的迪比亚斯获得冠军

1978 年 美国的洛加尼斯获得冠军

1982 年 美国的洛加尼斯获得冠军

1986 年 美国的洛加尼斯获得冠军

1991 年 中国的孙淑伟获得冠军

1994 年 俄罗斯的萨乌丁获得冠军

1998 年 俄罗斯的萨乌丁获得冠军

2001 年 中国的田亮获得冠军

2003 年 加拿大的德斯帕蒂获得冠军

2005 年 中国的胡佳获得冠军

2007 年 俄罗斯的加尔佩林获得冠军

2009 年 英国的戴利获得冠军

2011 年 中国的邱波获得冠军

男子 3 米跳板

1973 年 美国的博格斯获得冠军

1975 年 美国的博格斯获得冠军

1978 年 美国的博格斯获得冠军

1982 年 美国的洛加尼斯获得冠军

1986 年 美国的洛加尼斯获得冠军

1991 年 美国的菲尔古逊获得冠军

1994 年 中国的余卓成获得冠军

1998 年 俄罗斯的萨乌丁获得冠军

2001 年 俄罗斯的萨乌丁获得冠军

2003 年 俄罗斯的多布罗斯科克获得冠军

2005 年 加拿大的德斯帕斯获得冠军

2007 年 中国的秦凯获得冠军

2009 年 中国的何冲获得冠军

2011 年 中国的何冲获得冠军

男子 1 米跳板

1991 年 荷兰的央格杨斯获得冠军

1994 年 津巴布韦的斯图沃特获得冠军

1998 年 中国的余卓成获得冠军

2001 年 中国的王峰获得冠军

2003 年 中国的徐翔获得冠军

2005 年 加拿大的德斯帕蒂获得冠军

2007 年 中国的罗玉通获得冠军

2009 年 中国的秦凯获得冠军

2011 年 中国的李世鑫获得冠军

男子双人跳台

1998 年 中国的田亮、孙淑伟获得冠军

2001 年 中国的田亮、胡佳获得冠军

2003 年 澳大利亚的赫尔姆、纽贝里获得冠军

2005 年 俄罗斯的多布罗斯科克、加尔佩林获得冠军

2007 年 中国的林跃、火亮获得冠军

2009 年 中国的林跃、火亮获得冠军

2011 年 中国的邱波、火亮获得冠军

男子双人跳板

1998 年 中国的徐浩、余卓成获得冠军

2001 年 中国的彭勃、王克楠获得冠军

2003 年 俄罗斯的萨乌丁、多布罗斯科克获得冠军

2005 年 中国的王峰、何冲获得冠军

2007 年 中国的王峰、秦凯获得冠军

2009 年 中国的王峰、秦凯获得冠军

2011 年 中国的秦凯、罗玉通获得冠军

女子跳台

1973 年 瑞典的克纳佩获得冠军

1975 年 美国的艾丽获得冠军

1978 年 前苏联的卡利尼娜获得冠军

1982 年 美国的怀兰德获得冠军

1986 年 中国的陈琳获得冠军

1991 年 中国的伏明霞获得冠军

1994 年 中国的伏明霞获得冠军

1998 年 乌克兰的舒佩娜获得冠军

2001 年 中国的许羿获得冠军

2003 年 加拿大的海曼斯获得冠军

2005 年 美国的威尔金森获得冠军

2007 年 中国的王鑫获得冠军

2009 年 墨西哥的埃斯皮诺萨获得冠军

2011 年 中国的陈若琳获得冠军

女子 3 米跳板

1973 年 民主德国的克勒获得冠军

1975 年 苏联的卡利尼娜获得冠军

1978 年 苏联的卡利尼娜获得冠军

1982 年 美国的纽耶尔获得冠军

1986 年 中国的高敏获得冠军

1991 年 中国的高敏获得冠军

1994 年 中国的谈淑萍获得冠军

1998 年 俄罗斯的帕卡琳娜获得冠军

2001 年 中国的郭晶晶获得冠军

2003 年 中国的郭晶晶获得冠军

2005 年 中国的郭晶晶获得冠军

2007 年 中国的郭晶晶获得冠军

2009 年 中国的郭晶晶获得冠军

2011 年 中国的吴敏霞获得冠军

女子 1 米跳板

1991 年 中国的高敏获得冠军

1994 年 中国的陈丽霞获得冠军

1998 年 俄罗斯的拉什科获得冠军

2001 年 加拿大的哈特利获得冠军

2003 年 俄罗斯的拉什科获得冠军

2005 年 加拿大的哈特利获得冠军

2007 年 中国的何姿获得冠军

2009 年 俄罗斯的帕卡琳娜获得冠军

2011 年 中国的施廷懋获得冠军

女子双人跳台

1998 年 乌克兰的舒佩娜、塞尔比娜获得冠军

2001 年 中国的段青、桑雪获得冠军

2003 年 中国的劳丽诗、李婷获得冠军

2005 年 中国的郭晶晶、李婷获得冠军

2007 年 中国的贾童、袁培林获得冠军

2009 年 中国的陈若琳、王鑫获得冠军

2011 年 中国的陈若琳、汪皓获得冠军

女子双人跳板

1998 年 俄罗斯的拉什科、帕卡琳娜获得冠军

2001 年 中国的郭晶晶、吴敏霞获得冠军

2003 年 中国的郭晶晶、吴敏霞获得冠军

2005 年 中国的郭晶晶、李婷获得冠军

2007 年 中国的郭晶晶、吴敏霞获得冠军

2009 年 中国的郭晶晶、吴敏霞获得冠军

2011 年 中国的吴敏霞、何姿获得冠军